時間・自己・幻想

東洋哲学と新実在論の出会い

マルクス・ガブリエル 著
Markus Gabriel
大野和基 インタビュー・編　月谷真紀 訳
Ohno Kazumoto　*Tsukitani Maki*

PHP新書

はじめに――編集部より

◆なぜドイツ哲学の旗手が、東洋哲学を語るのか？

マルクス・ガブリエル氏は、ドイツ哲学の旗手であり、「新実在論」の提唱者として知られる。史上最年少でボン大学正教授に就任した「天才哲学者」と言われる彼が、なぜ東洋哲学を語るのか？　本書に収録した、彼自身の言葉をひいてみよう。

私の存在論は、ある意味両者（編集部注：西洋哲学と東洋哲学）の統合を目指しています。

私の思想は14歳のときから東西双方の伝統に影響を受けてきました。両方が常に私の頭の中にあるのです。

さらに、本書中で、次のようにも述べている。

西洋哲学と東洋思想の大きな違いは、西洋哲学が不変のものを探求している点だと思います。（中略）
他方、日本人が問うのは、「変わらないものが存在するという幻想はなぜ生じるのか」です。東洋思想の立場からすると、西洋の形而上学《けいじじょうがく》は、初期からずっと幻想なのです。

本書は、まさにマルクス・ガブリエル氏による「西洋哲学と東洋哲学の統合」の試みの一端を示したものになった。彼が提唱する「新実在論」が東洋哲学に出会うことで、新実在論の輪郭がはっきりと描き出され、さらに一方で、東洋哲学を新たな視点から捉えられる一冊となっている。

インタビューの収録は、２０２４年8月末のガブリエル氏来日に際して、国際ジャーナリストの大野和基氏を聞き手として行われた。さらに同年12月にＺｏｏｍで行った追加インタビューの内容を加え、一冊にまとめたものである。

今回の来日では、神谷町・光明寺の協力のもと、ガブリエル氏に勤行《ごんぎょう》への参加や墓地の掃除など、日常的な日本の仏教のあり方に触れてもらう機会を得た。また、僧侶で武蔵野大学客員教授の松本紹圭《しょうけい》氏と、築地本願寺で「よき祖先になるために」をテーマとした対談を実施した。なお、この対談も本書に収録されている。

こうした日本におけるさまざまな経験を通して、ガブリエル氏の頭の中にも、数々の新たなアイデアが生まれたようだ。本書を通して、彼のエキサイティングな思考の変遷にも触れることができるだろう。

◆「入れ子構造の危機」の時代に、東洋哲学が示す可能性

我々（インタビュアーの大野和基氏と編集部）がガブリエル氏に、東洋哲学をテーマとしたインタビューを敢行した理由は二つある。

一つは、ガブリエル氏が東洋哲学に大きな関心を抱いていること。ガブリエル氏は、3世紀の中国の思想家王弼《おうひつ》が著《あらわ》した『老子』の注釈『老子注』をかなり熱心に読み込み、老子が無常を説いていることに重要な気づきを得たという。さらに、コロナ禍《か》以降たびたび来日しており、日本の思想についても高い関心を寄せている。彼はこれまで多くの日本人

識者と対話し、日本各地を訪れることで、その知見を深めてきた。

こうしたガブリエル氏の近年の蓄積を踏まえ、これまで彼の著作の中で断片的にしか語られてこなかった東洋哲学と新実在論との関わりを、正面から取り上げることを試みたのが本書である。そうすることで、西洋哲学と東洋哲学の双方が鏡合わせのように新たな様相を表すのではないかと考えたからだ。

もう一つは、現代における東洋哲学の可能性である。現代は「入れ子構造の危機（nested crisis）」の時代だ、とはガブリエル氏の言だが、一つの危機が別の危機の中に組み込まれ、拠《よ》って立つべき価値が見えづらくなっている時代において、「変わらないものが存在するという幻想はなぜ生じるのか」という問いを抱える東洋哲学の価値を、現代ドイツ哲学の第一人者が語ることには意義があるはずだ。

幸いガブリエル氏に快諾していただき、実現したインタビューは、予想以上にエキサイティングなものであった。さまざまなトピックスについて取り上げたが、中でも本書を貫く横糸として言及されているのが、タイトルにも掲げている「時間」「自己」「幻想」というテーマである。

この3つの概念はそれぞれに絡み合っている。詳しくは第1章以降に譲るが、ガブリエル氏によると、ヒンドゥー教では「時間は幻である」と見なしているし、中国古典の『荘子』には、時空を超えた無限の宇宙に遊ぶ存在が登場する。仏教の「禅」には、座禅とは自我を消していくための訓練であるという捉え方があるが、ガブリエル氏はその志向に疑義を唱える。一方日本哲学には、「我々はさまざまな『自己』を使い分けており、その奥に純粋な自己があると考えているが、そんな『本当の自分』といえる存在はないかもしれない」という議論がある。そして先ほど述べたように、東洋哲学は西洋の形而上学を「幻想」と見なしているのである。時間や自己、そして幻想といった私たちの「世界の捉え方」に揺さぶりをかけるようなテーマと、それらを巡るガブリエル氏との対話を、存分に味わってほしい。

本書の議論により、西洋哲学に関心のある方も東洋哲学に関心のある方も、前記のような哲学の主要テーマについて、従来の枠組みを超えた捉え方を得られるのではないか。東洋哲学にこれから親しんでいきたいという方は、東洋哲学のある種ラディカルな発想に驚くことになるかもしれない。これからの時代における日本の価値を考えるうえでも示唆的な一冊になるだろう。本書が読者の方にとって、創造的思考を生むきっかけになれば、望外の喜びである。

時間・自己・幻想　目次

第3章　中国思想との対話
――「無」とは何か

第4章

日本哲学との対話

——西田幾多郎への批判

巻末対談

「新実在論」と親鸞の共通点

マルクス・ガブリエル×松本紹圭

第1章

Western Philosophy & Eastern Thought

すべては幻想なのか

――今回、4カ月ぶりに日本に来られましたね。以前に比べて、日本の社会に変化を感じられた点はありますか。

前回日本に来たのは2024年4月の桜の時期、その前は2023年の8月頃でした。2024年4月には、日本を訪れた観光客の数が2カ月連続で300万人を超したそうです。この時期、他では見たことがないほど人であふれていました。日本の社会インフラと物理的なインフラは非常に優れているにもかかわらず、それでも人の多さに悲鳴を上げていたと認識しています。間違いなくオーバーツーリズムが起きていました。

そして今回の夏の来日で、改めて日本の猛暑を実感しました。日本の猛暑や、台風や大地震や火山噴火の危険性が世界的なニュースになっていました。

――さまざまな危機に直面しているのは日本だけではありません。気候変動や各地での紛争、民主主義の危機など、世界中で大きな混乱が起こっています。

このような時代において、西洋哲学だけではなく、東洋思想の知恵を学ぶことも重要なのではないでしょうか。

昨日（2024年8月30日）、ガブリエルさんはいくつかの寺院を訪問されましたが、本書では仏教や中国思想などの東洋思想の現代における価値や批判すべき点について、ガブリエルさんに伺いたく思います。

私は、東洋思想は現代の「**入れ子構造の危機**（**nested crisis**）」についての議論においに関わっていると思います。「複合危機（polycrisis）」よりもこちらの言葉のほうが的を射ているのではないでしょうか。複合危機は単に複数の危機です。私が考える入れ子構造の危機は、一つの危機が別の危機の中に組み込まれ、相関関係を持った状態です。単なる複数の危機ではありません。

量子力学から国際関係まで、21世紀の私たちが究極の相互接続性という条件の中で生きているのは明らかです。現実が、明確に定義でき他と区別できる基本的な実体で構成されているという考えは、今では控えめに言っても時代遅れです。

ですから、私は現実はネットワークのネットワーク、すなわち「入れ子構造」であると考えるのです。安定した客体や点は関係の動きの結果にすぎず、客体は無限の関係が一時的に停止した点でしかありません。私はそれが存在論、現実そのものの形だと考えています。現実そのものが、現在の人類の危機的な条件の中に表れています。

危機的な現代の状況について考える多くの人は、すべてのものが相関しているという思想に寄与するものとして東洋思想を引き合いに出しがちです。相関関係の観点で考えているわけです。しかしこの問題はもっと深く掘り下げられます。相関関係だけではないのです。

そして、東洋思想の「すべてのものが相関している」という思想も、その一言で言い表せるほど単純なものではありません。もともとの、事象と事象の相関関係についての思索を重ねてきた東洋思想について、もっと精細に考究することは意義のあることです。

東洋思想は現代の状況を解決するうえで重要な役割を果たしうると私は考えています。現在はアジアの世紀です。今がアジアの世紀であるとすれば、まず、なぜ今がアジアの世紀なのかを理解することが大切です。この問題は、アジアの思想、東洋思想、そしてそれが未来にとって何を意味しうるかに関わってくるのです。

◆西洋哲学は不変を追求し、東洋思想はそれを幻想と見なす

――非常に大ぐくりな質問なのですが、西洋哲学と東洋思想について、その全体的な特徴

に相違点がもしあるとしたら、どのような点が挙げられるでしょうか。

西洋哲学と東洋思想の大きな違いは、西洋哲学が不変のものを探求している点だと思います。この姿勢が現代の原子物理学につながりました。現代物理学は不変のもの、宇宙の構成単位、フェルミオンとボソンを特定する最新の試みにすぎません。それが現代の物理学です（ただ、フェルミオンとボソンはそれほど不変なものではない可能性もあります）。

古代ギリシャ以降の考え方は、存在の原理を見出すことです。原理とは、すべてが変わる中で、同じままであるものを意味します。

他方、日本人が問うのは、「変わらないものが存在するという幻想はなぜ生じるのか」です。東洋思想の立場からすると、西洋の形而上学は、初期からずっと幻想なのです。

２８００年ほど前にインドで思想が二つに分かれました。片方は東洋に行き、「変わらないものがあるというのは幻想である、その幻想を克服しなければならない」という考え方になりました。もう片方は西洋に行き、アフリカ発祥の思想と融合しました。

実は、とても重要なことですが、西洋思想はアフリカ思想なのです。西洋とアフリカは実は同じです。ヨーロッパとアフリカに興味深い関係があるのはそこに理由があります。

ヨーロッパはアフリカが存在しないようなふりをしています。しかし実は、植民地支配の歴史もありましたが、アフリカは私たちヨーロッパ人の最も近しい隣人なのです。天候がよければスペインからアフリカ大陸が見えますからね。北朝鮮と日本よりも近い。ヨーロッパとアフリカは本当に近いのです。

プラトンは、あらゆる叡智はエジプトに由来するとはっきり言っています。エジプトはアフリカにあります。西洋思想の歴史をたどれば、2000年前のある時点にアフリカにたどりつくのです。変わらざるものという思想の源泉はここにあるのです。

一神教もそうです。著名なエジプト学者のヤン・アスマンがそれを示しました。アスマンが一神教の起源を研究したところ、一神教はエジプトに発し、その後ユダヤ教などに移ったことがわかったのです。「永遠の不変の太陽という思想」です。学問の世界ですっかり明らかになっています。

ただ驚くべきことに、この仮説は日本もギリシャ人と同様に太陽を中心に考えているという誤解にもつながっています。しかしギリシャ人は太陽を不変のものと考え、日本人は太陽とは動きであると考えています（笑）。どちらも太陽について考えていますが、ギリシャ人は太陽を中心にあって不動のものと考えているのです。

◆西洋哲学と東洋思想は、互いに補完し合う

――西洋哲学と東洋思想は、お互いに補完するものになっているでしょうか。

西洋哲学と東洋思想、どちらもパラドックスに陥っている側面があります。

東洋思想は、すべてのものは変化しているが、変化は変わらないというパラドックスに陥っています。つまり変化が一種恒久的なものであるという考えです。たえず変化しているが、変化していることは変わらない。これはアリストテレスがすでに言ったことです。アリストテレスが彼の物理学の中で同じようなことを言っています。「運動は動かない」と。それが東洋思想のパラドックスであり、東洋思想の表現が逆説的であるのはそのためです。もともと、日本思想などの歴史についても似たようなことが言えますが、特に中国思想を見ると、教説と実践において逆説的な表現がなされています。

他方、西洋哲学は変化に対して悪しき関係に至っています。なぜなら、西洋では変化は幻想にすぎないとして評価をおとしめられているので、すべてを安定させよう、永続するものを作ろうとするのです。

建築のあり方にも、両者の違いが表れています。例えば清水寺は究極の安定した構造物ですが、これが安定しているのは固定されず、揺れやすくて容易に動くからにほかなりません。動くからこそ、幾度もの地震を耐え抜いているのです。ギリシャ人は永遠を目指して建築物を造りましたが、ギリシャの建築は何世紀も経つうちに壊れて、今では廃墟《はいきょ》になっています。彼らは永遠を目指して建てたのに、造ったのは廃墟だった。日本人は今現在のために建てて、それが永遠に残っている。これはパラドックスです。

私の存在論は、ある意味両者の統合を目指しています。

私の思想は14歳のときから東西双方の伝統に影響を受けてきました。両方が常に私の頭の中にあるのです。私はグローバリゼーション時代の子どもです。私が哲学思想家になった90年代はグローバリゼーションが最高潮に達した時代です。つまり、西洋と東洋がおそらく初めて本当に出会ったわけです。日本のソフトパワーも少なからず寄与しました。グローバリゼーションには他の要素もありますが、80年代後半から90年代が日本のソフトパワーと経済力の時代でもあることを忘れてはなりません。私はその時代に成長したのです。

グローバリゼーションは、日本にとって非常に重要な時代だったと私は思っています。

今、世界はグローバリゼーションの終焉《しゅうえん》に向かおうとしています。グローバリゼーションのかわりに生じたのは、接続性です。私たちはつながっていますが、もうグローバル化はしていません。新たな段階に入ったのです。しかし東西の世界観が本当に出会い、互いを理解し始めることが可能になったのはグローバリゼーションのおかげです。

松本紹圭《しょうけい》さんとの対談（本書の巻末収録）でわかったことは、相互理解が今までになく容易になっていることでした。ドイツと日本は文化的には非常に異なっているにもかかわらず、私たちは互いを理解できます。これは80年代、70年代や60年代には不可能でした。グローバリゼーションとインターネットのおかげでそれが可能になったのです。

これまで、グローバリゼーションの精神的な影響は過小評価されていました。私たちはずっと市場と貿易の面しか見てこなかった。しかしグローバリゼーションは、私たちが自覚している以上に精神面への影響が大きかったのです。グローバリゼーションは、今現れつつある新しい関係論的世界観の創造を導きました。人間の意識の変化を、私たちはあらゆる場所であらゆるものがグリーン・ポリティクス[1]（緑の政治）の旗の下にあるという形で目にしますが、それは意識変化の低い段階にすぎません。グリーン・ポリティクスは関係論の一つの表れでしかないのです。危機的状況にあるものについての、誤った解釈なのです。まだ意識は最高段階に達していませんが、そこに向かいつつあります。

21世紀はアジアの世紀だと言われており、私もそう考えています。中国だけではありません。さまざまなプレイヤーがアジアの世紀を作っています。中国、韓国、日本、シンガポールなどなど、多くのプレイヤーたちが密につながり合い、超高速で動いています。この加速感がアジアです。そう考えると、**東洋思想がますます存在感を増す**ことが確実に期待されます。

そして、次の世紀はアフリカの世紀になると予言しておきます。誰もその兆しを見てはいませんが、アジアと西洋の次の融合がアフリカに出現すると私は思っています。アフリカの人々がこの二つを新しい意識の形に合体させるでしょう。彼らには歴史的な下地がありますから。しかし私たちはまだそこに至っていません。まだ遠い先の未来ですから、今その心配をする必要はありません。

文化に関してはタイムスパン（時間感覚）を考えるのが重要だと思っています。日本人のタイムスパンは過去１５００年からもう少し先くらいまでを視野に入れているのではないでしょうか。ヨーロッパ人の心は過去２２００年まで。中国人は４０００年くらい。

アフリカ人は20万年です。これがタイムスパンの違いです。アフリカの人々の心の深度は20万年だと私は思っています。

すべてはアフリカで始まりました。ホモ・サピエンスはその歴史の大半をまずアフリカで過ごし、それから各地に拡散していきました。その記憶が保存されているのです。

アフリカ人はアフリカ大陸のことを通常はアフリカと呼ばず、ただ「大陸」と呼びます。この「大陸」という意識が、ホモ・サピエンスが拡散を始めた後に起きたことのすべてを消化し、その後に再び現れるのだと思います。

４０００年の時間感覚を持つ中国の皇帝、習近平は、中国は世界のどこよりも歴史が古いから自分が絶対的な優越性を持っていると考えている。しかしはるかに古い歴史を持つ「大陸」の存在を忘れています。だから中国は今世紀のどこかの時点で、アフリカで敗北するだろうと私は思っています。人間の意識は私たちが考えるよりはるかに長いタイムスパンがあるのです。

［注］

1　グリーン・ポリティクス　ドイツの政党「緑の党」に由来する政治姿勢で、地球環境保護、環境保全を最優先政策として掲げる。

第2章

Buddhism

仏教との対話

存在するとはどういうことか

◆ドイツ哲学と東洋思想の関わり

――ドイツの哲学者たちと東洋思想の関わりについて伺います。彼らは、東洋思想をどのように見なしてきたのでしょうか。

東洋思想に本格的な関心を持った最初のドイツ人哲学者は、ゴットフリート・ヴィルヘルム・ライプニッツ（1646－1716）でした。彼はコンピュータの元祖となる機械式計算機や微積分法を考案した人物です。同時期の科学者ニュートンと、どちらが先に微積分法を生み出したかについての有名な論争があります。彼はバロック期（16世紀末から18世紀）の天才哲学者で、言語としての中国語について考察を始めた最初の人物でした。

ライプニッツに続くロマン主義時代（18世紀末から19世紀）の偉大な哲学者たちはみな、もちろんカントも、東洋思想に大きな関心を持っていました。

同じ時期に、最初の翻訳とテキストがドイツの論壇に登場します。19世紀前後に活躍した重要な哲学者、フリードリヒ・シュレーゲルが『インド人の言語と英知について』という重要な書物を著し、広く読まれて、多くの人がサンスクリット語などの学習を始めました。当時同じく人文学で多方面に天賦の才を発揮した兄のアウグスト・ヴィルヘルム・シュレーゲルも、インド学という学問分野の誕生に貢献しました。彼は私が在籍しているボン大学の東洋語学教授を務めました。インド学は、ボン大学で始まったのです。

そして私が博士論文のテーマにしたシェリング[1]も、特に中国に関心を寄せていました。日本が関心の対象になったのはかなり後になってからです。

最初はインドが注目を集め、次の段階として中国が、そして明治維新からだいぶ経った20世紀に入ってようやく、西洋から見て中国のさらに先にある国、日本の思想が認知されるようになったわけです。

◆光は東方から

キリスト教カトリック世界にまで視野を広げれば、東洋とはもっと深い関わりがあります。

タイムマシンに乗って中世のキリスト教カトリック世界に行けば、非常に東洋的に見えるものがたくさんあるはずです。そして歴史をひもとけば、中世カトリックは東洋から影響を受けているのです。なぜなら中世の西洋キリスト教は、1000年以上前の東洋との交流を通じて誕生したからです。

キリスト教の前身となるユダヤ教は東方を発祥の地としています。西洋を構成する基本的要素は東方に由来するのです。ラテン語の有名な言葉で「エクス・オリエンテ・ルクス（光は東方より来たる）」と言われる通りです。

「オリエンテーション（方向づけ）」という言葉もオリエント（東方）に由来します。カントには「Was heißt: Sich im Denken orientieren?（思考において自分を方向づけるとはどういうことか）」という有名な論文がありますが、「orientieren（オリエンテーション）」という言葉を使っています。オリエンテーションという言葉は東方に関わりがあります。このように、昔から西洋には東洋の影響がありました。

私たちは日本に来ると、ヘーゲルが「**実体（substance）**」と呼んだものがここにはまだあると感じます。ヘーゲルがこの言葉を用いる際、古代ギリシャ人を想定していました。彼は古代ギリシャ人には実体があり、近代人には主観、すなわち「自己」があると言っています。近代人とはまさしくデカルトのことだと彼は考えています。しかしそれ以前は、私たちには実体もあったのです。

そして興味深いことに、日本ではすべてを破壊して近代化したにもかかわらず、まだ実体があります。それを維持するにはコストがかかりますが、ヘーゲルが実体と呼ぶであろうものが今も生活の一形態として日本にはあるのです。そこに私たちは魅力を見出しています。これはアジアのほぼ全域について言えることです。とはいえ、中国は違いますが……中国は実体を破壊してしまいました。

◆日本には実体があるが、アメリカには実体がない

――ヘーゲルが述べたという「実体」について、もう少し詳しく解説していただけないでしょうか。

ヘーゲルにはこんな考えがありました。「古代ギリシャ人（古代ローマ人はすでに古代ギリシャ人の劣化版です）の生の形は実体であった」というものです。

これはドイツ思想において長い間、非常に重要な思想でした。ヘーゲルは古代ギリシャ人の思想にも言及していますが、古代ギリシャ思想を駆動していたのは実体という概念です。ヘーゲルは、古代ギリシャ人の生には実体があったから、古代ギリシャ人は実体とい

う観点から現実について思考したのだと考えました。ヘーゲルの言う実体とは、物には必ず無条件の、目に見えない何か、共同体の形を作る何かに関わる深い意味がある、ということです。

実体について、私はこう考えます。今私は日本語を学んでいるところですが、学べば学ぶほど、私は日本語に対して驚異の念を覚えます。今使っている日本語の教科書は『みんなの日本語』というものです。教育的なレベルでよくできているので、一定の物事は理解できるようになっています。

しかし日本語の学習が進むとどんどん複雑な漢字が出てきます。例えば、私は最近神話の総体に関する大部の書籍の編集に携わったのですが、その中に哲学者の田辺元《はじめ》に関するすばらしい論文を書いた人がいました。私はもちろん、日本語で田辺を深く読み込んだわけではありません。しかし田辺論文を目で追い、語彙《ごい》を見ました。（このレベルになると日本語は）文法と日常生活の理解の領域を離れて、本当に理解の難しい物事に近づいていきます。

私にはまだ謎を解く暗号がわかっていません。中国語との付き合い方はわかっていますが、日本の漢字はかなり異なります。見た目は似ているし、機能も同じですが、日本語ではさらにもう一つレイヤーがあるのです。日本では何事もそうですが、もう一つのレイヤーがある。日本では何かを理解した気になっても、さらにもう一つレイヤーがあって、とことん理解しきれないのです。表面があって、その後に「言い忘れていました、もう一つレイヤーがあるのですよ」とくる。

私見ですが、日本人がビデオゲームに長《た》けている一つの理由はこれでしょうね。常にさらに別のレベルがある。ゲームを全部やりきったとしても、日本人はそのゲームの新しいバージョンを考案するから、永久に終わらない物語をプレイできる。

実体はこれと同じです。だからヘーゲルは実体を無限なるものとも呼びました。実体とは物が意味のある形で結びついていることを言います。

実体は変化でもありうるものです。むしろ変化が常態なのです。

日本で変わらないものはありません。日本ではすべてが変化――四季の変化、風の変化、あらゆるものが変化します。日本語で風などに対してさまざまな語彙があるのはそのためですね。日本語の語彙は変化に対する解像度を上げてくれます。社会の変化を含め、日本人のほうが変化の描写がずっと上手です。

西洋、特にヨーロッパでは、実体と格闘してきたと私は思っています。私は西洋を単体で語りたくはありません。例えばアメリカはまだ実体を手にしてさえいません。だからアメリカは古代ローマの言語や象徴を使っているのです――首都（the capital）、議会（the congress）、共和党（the Republican Party）など、すべて古代ローマに由来します。アメリカのイマジナリーは古代ローマであって、古代ギリシャではないのです。

アメリカ人は本当の意味で自国語すら持っていない。アメリカ英語はすばらしいですよ。私も話すのは好きです。しかしそこにはいかなる実体もない。本当の歴史もない。すばらしい詩や小説、アメリカ小説を読んでも、その文学作品には必ずどこか現実味に欠けたところがある。偉大になりきれていません。だからアメリカ人はアマゾンで売れる文学を作らなければならないのです。アマゾンは偉大な文学を駆逐する手段でしかありません（もちろんこれは冗談です）。

そして興味深いことに――西洋の知識人なら誰もが昔から魅了されてきた点だと私は思うのですが――日本に来ると、ギリシャ抜きの古代ギリシャ的な実体に出会う。日本の象徴的な形、儀式、言語の発展にギリシャはまったく影響を及ぼしていません。日本は完全にギリシャの影響の範囲外にあるのに、古代ギリシャ的な実体を持っている。誰もがお寺に惹《ひ》かれるのはそこです。お寺に行くと「ここには実体がある」と気づく。しかしそれは、みずからを近代性に変容させることができる実体なのです。

実はヨーロッパではポストコロニアル研究における空白があり、それについて誰も話しませんが、本当の植民地主義を展開したのは古代ローマでした。古代ローマ人はあらゆるものを征服した。あれが本当の帝国主義です。ヨーロッパで古代ローマ帝国以降展開してきた他の形態の帝国主義は、古代ローマ帝国の繰り返しの改作、痛ましい再現でしかありません。カトリック教会はあくまでローマ・カトリック教会です。かくのごとく実体は破壊されたのです。

驚くべきことに、日本が実体を破壊する力と接触したのは第二次世界大戦中だけ。その後日本はすべてを統合してしまいました。ですから日本は非実体的なものに多少は揺さぶられましたが、実体はまだ日本にあると私は思っています。

日本は言語に守られています。あなたがたの言語との関わり方が実体の存続を保証しているのです。日本人がけっして日本語を手放さないのはそこに理由がある――日本語はローマ字で書くのも簡単なはずでしょう。それなのに、あなたがたは漢字やひらがなを手放そうとしない。ローマ字に置き換えた簡易な日本語を話すようになっても、ビジネスカルチャーや現代生活に支障はないはずです。でもそうしないのにはわけがある。それをしたら実体が破壊されてしまうからです。

◆私と東洋思想との関わり

――ガブリエル教授は以前中国哲学を研究された時期があったと伺っていますが、ご自身と東洋思想との関わりについて教えてください。

私がその思考を追体験した最初の哲学者はショーペンハウアー（1788－1860）ですが、ショーペンハウアーは、ドイツ哲学、特にカントと、東洋哲学、すなわちヒンドゥー教を融合させようと試みています。のちにはさらに仏教をも加えようとしました。ショーペンハウアーが理解していた東洋哲学とはヒンドゥー教と仏教が融合したものでした。ですから私はその交差点上で知的、哲学的に育ったのです。

その後、ハイデルベルク大学時代に私が所属していたグループが助成金を獲得して、「グローバルな文脈でのアジアとヨーロッパ」というクラスター・オブ・エクセレンス（政府の政策により学術研究の国際競争力を強化するために設けられた機関）を設立しました。今世紀初めのことです。当時は中国が台頭していた頃で、フランシス・フクヤマが唱える

「歴史の終わり」が実現して中国も自由民主主義国家になり、次のアメリカとなると思われていました。胡錦濤《こきんとう》が登場するまで、しばらくは中国がそのようになりつつあると考えられていたのです。

当時私たちはその機関で東洋思想の研究をしており、特にルドルフ・ヴァーグナーと一緒に老子の研究をしていました。ヴァーグナーは老子研究の第一人者でした。彼もハイデルベルク大学にいたのです。中国美術を専門とする美術史家の第一人者ロータール・レダローゼもハイデルベルク大学にいましたし、インド学も非常に強かった。私たちは仏教思想を大成したナーガールジュナ（龍樹《りゅうじゅ》）やアドヴァイタ学派（インド哲学の学派）の思想についてのセミナーを実施しました。

私は西洋哲学の研究と並行して、こうした活動もしていました。ある意味、私は東洋的な知的感性を常に西洋的な知的感性とともに発達させていたわけで、14歳頃から私の知的発達において、東洋思想に触れない時期はほとんどありませんでした。

◆掃除は心の塵を払うこと

——なるほど。今日は是非、「東洋思想に触れない時期はほとんどなかった」ガブリエルさんの、東洋思想に対する考え方、捉え方を詳しく伺いたいと思います。

まずは仏教思想から伺っていきましょう。ガブリエルさんはこれまで何度も仏教寺院を訪れたことがあると思いますが、２０２４年４月には、京都の清水寺を訪問されたそうですね。


4月の桜の季節に京都の寺を数多く訪れたときに、清水寺執事の森清顕《せいげん》先生にお会いしました。念願の清水寺に行けて嬉しかったのですが、さらに、森先生は清水寺の水で淹《い》れたお茶と、ほのかに柚《ゆず》が香るとてもおいしい麩《ふ》せんべいをふるまってくださいました。

その後、非常に印象深い、ヘッセ的な体験をしました。ヘッセとは、私も強い影響を受けている、ドイツの小説家ヘルマン・ヘッセのことです。彼の有名な小説『荒野のおおかみ』[2]は現実を幻想として体験する登場人物を描いており、ヘルマン・ヘッセが東洋思想と出会ったことに触発されて書いた非常に東洋的な小説です。

清水寺には「仏足石《ぶっそくせき》」という、ブッダの足跡が模《かたど》られた石が祀られていました。仏足石がある部屋は、テラスのような所があり、そこから下をのぞむと約13メートルの高さがあり、下に4メートルほどの仏足石がありました。巨大な空間の四方の壁には、瓦で焼かれた仏像が貼り詰められていました。

私たちはそのテラスのような場所から、仏足石に向かって、花びらを模った紙を撒《ま》きました。これは「散華《さんげ》」といって、仏様を迎えるための儀式とのことです。ただ私はこのとき、花びらを撒きながら、死者に思いを馳《は》せていました。

そして森先生と唯識思想[3]について話をさせていただきました。

清水寺の宗旨は北法相宗《きたほっそうしゅう》という、唯識思想を基とする宗派で、この世の一切は心（識）にあるという思想を説くものです。そこがショーペンハウアーと似ています。

清水寺訪問の4カ月前、12月に私はこんな夢を見ました。亡くなった父とテーブルを囲んでいたのです。とてもリアルな夢でした。夢の中で私はこれは現実だと思っていました。夢の中では夢と認識していなかったのです。

亡くなった父が食卓に座っていて、食卓にはケチャップの瓶がありました。そして父は夢の中で私と思念でコミュニケーションを取っていたのですが、私はこれが夢に違いないとは認識していませんでした。父は言葉ではなく思念で語っていたのです。父は夢の中で思念によるコミュニケーションを通じて、目の前の瓶は現実ではないと言っていました。

私は夢の中で言葉で返事をしていました。「いや、私は若い頃、すべては夢だと信じていたけど、お父さん、この瓶は現実ですよ」と。夢の中でね。すると父がこんなふうに私を抱きしめて、私は涙を流しながら目覚めました。父は夢の中で私を抱きしめながら一言「シュリ・オーロビンド」と言ったのです。

シュリ・オーロビンドは20世紀初頭に活躍した、近代の有名なインド人哲学者です。私は彼の著作は読んだことがありませんでした。シュリ・オーロビンドが知的に何を象徴しているのか、私には何の予備知識もありませんでした。

夢の中で父から彼の名前を聞いた後、私は初めて彼の著作を読み始めました。するとシュリ・オーロビンドはすべては一つであり一つではない、すべては夢であり夢ではないと言っていたのです。夢は夢であり夢ではない。なんとも驚くべきことではないでしょうか。

森先生はお堂で「亡くなった方に思いをはせてください」とおっしゃり、私はすぐ父のことを思いました。この話を今しているのは、これが完全に『荒野のおおかみ』のストーリーに重なるからです。これもまた一つの仏教体験でした。

――昨日は光明寺で、ともに来日した哲学者の方々と、墓地の掃除をする体験をされましたね。

禅には「一掃除、二信心」という言葉があります。信心より前にやることがある、それが掃除だ、という意味とのことです。禅では「掃除＝心の塵《ちり》を払うこと」と見なすそうですが、禅のこうした見方について、どう思いますか。

西洋においても、掃除を行うことは、心の塵を払うことだと捉えられることがありま す。その傾向は、面白いことにアメリカやイギリスよりもドイツで、ドイツよりもスイスで、ドイツでも他の地域より南部でその傾向が強いといえます。

私の人生を振り返っても、家を自分で掃除したり誰かが掃除してくれたりした後は、頭の中がすっきりします。ハイデルベルク大学の大学院生時代、ハウスキーパーを雇うお金がなかったときには、毎週土曜日にアパートメントの部屋を自分で掃除していました。実家にいた頃は母が土曜日を掃除の日にして家族で掃除していたので、それに倣ってね。掃除した後はいつも頭がすっきりしたので、掃除の後が楽しみでした。私たち西洋人も同じ体験をしています。だから掃除はとても大切だし、私たちはそれを知っています。

ただ、日本はこの体験を別次元に引き上げていますね。それも昨日わかったことです。

日本の家庭、ホテル、レストラン、地下鉄などが清潔なのは、みんなが常にあらゆる場所を掃除しているからです。日本の掃除の重要な点は、それが心の平穏をもたらしていることです。我々は日本の清澄である点を好んでいますが、それは掃除が行き届いているからでしょう。

ヨーロッパでも、清潔なのは良いことだと言われています。ただ、アメリカではそうではないんですよね。興味深いことに、アメリカでは人々が汚れを気にしないのです。対照的です。

それはともかく、今回わかったのは、日本でたえず掃除が行われているのは潔癖症だからではなくて、心の掃除なのですね。心と掃除は一体であるように見えました。

◆「新実在論」のアイデアが生まれた場所

――掃除は一つの身体活動であるといえますが、東洋思想では身体性を重視しますね。

藤田正勝『日本哲学入門』（講談社現代新書）によると、日本の哲学者である湯浅泰雄氏は、「東洋思想の独特な性格は、知を、単に対象の分析から理論的に知られるものとしてではなく、自己の身心全体による『体得』ないし『体認』を通して把握されるもの」と考えています。また同書によると、東洋の伝統的な宗教においては、修行の一つの方法として「瞑想《めいそう》」が重視されます。大脳皮質の活動をむしろ低下させて、身心のはたらきを活発化させようとするものだと考えられます。思索と身体性と脳の活動について、どのように考えますか。

私は、哲学とは対象の分析だと考えています。哲学は純粋に分析的なものです。英語でいう分析哲学という意味ではなく、もっと広い意味で。しかし、**自分の身体、自分の生命が伴わなければ、哲学を本当の意味で自分のものにすることはできません**。

ドイツ哲学では、生命という概念、また生命と結びついた身体的現実がその役割を果たしています。したがって、哲学で最高の成果を上げるには身体性と思索が必要だと考えています。自分の生命を関与させることが必要です。もちろん、両方を一緒に高めるのが目標です。

身体性とはどういうことか。哲学は自分の人生を彫塑《ちょうそ》する方法です。哲学とは実存的な彫刻です。実存的な彫刻という、一種の芸術形態なのです。ですから古代ギリシャの彫刻が好きな哲学者が多いのです。ヘーゲルは、彫刻が最高の芸術形態だと考えていましたからね。その理由は、彼が自分の人生を彫塑することについて考えていたからだと思うのです。したがって、歴史的に哲学の最高の成果には、単に脳を使った知的で分析的な活動だけではなく、人生を彫塑することが含まれていたと私は思います。

一方で、東洋思想には、心身の統合を重んじて、分析の水準を二の次にする傾向があります。分析を追求しすぎると大脳皮質が活発になりすぎ、心身の統合が損なわれる可能性があるから、やめておこうというように。

しかし私は両方を求めたい。**分析のために大脳皮質をおおいに活発化させたいのですが、脳の活性化には、いわば安定した芯がなければならない。**ですからそれは東洋思想と西洋哲学の融合になるだろうと思っています。最高水準の分析と心の平穏を両立させるのです。

この「対象の分析」に関して、私は一つ興味深い経験をしています。私の思想の核となる部分を思いついたのは、湯船に入っているときでした。「新実在論」のもととなったアイデアは、入浴しているときに考えたものだったのです。

「新実在論」は、多忙な生活をやめざるをえなくなった時期に展開したものです。私は2008年から2009年にかけて、ニューヨークのニュースクール大学哲学部で助教を務め、その後ボン大学に移ったのですが、当時は目の回るような忙しさで、うつ状態にまでなっていたのです。ひと夏、たぶん5、6カ月ほど気分が鬱々《うつうつ》としていました。このときは仕事もろくに手がつかなかったため、もっぱら湯船に入っていました。一日の一番の楽しみは長風呂だったのです。

当時住んでいたアパートメントのバスタブがとてもよかったのです。ボンの旧市街にあるアパートメントで、ウィーン美術の巨匠などが手がけたフロアもあり、バスタブも19世紀末の特殊なタイルを施した特別な造りでした。うつ状態で仕事が手につかなかったときに私はそのバスタブで過ごしたのですが、最も独創的な思想はそこで生まれたのです。すなわち、この分析は活動ではなく、いわば強《し》いられた「無活動」から生まれたのです。

◆理性と道具的理性の違い

――瞑想について伺います。魚川祐司『講義ライブ　だから仏教は面白い!』（講談社＋α文庫）によると、ミャンマーのテーラワーダ仏教僧侶ウ・ジョーティカ師は、瞑想は「これをやれば、これを得られる」といった有為の世界（条件づけられた世界）の中を生き続けることを、少なくとも一時的に停止するための営みだと語っています。

つまり、明確な目的を求めて、取引として行う行為ではない、ということなのですが、このような瞑想のあり方は、資本主義社会に生きる我々にとっても大切なことなのではないかとも考えます。「こうすれば、こうなる」という社会からいったん離れることについて、どのように思いますか。

この「これをやれば、これを得られる」という発想は、ドイツ哲学では道具的理性と呼ばれる概念です。アメリカ人はこれを合理性と呼んできましたね。ドイツ哲学では、理性と道具的理性を分けて考えていますが、アメリカでは「合理性」という同じ概念です。資本主義社会には、「これをやれば、これを得られる」という思考が有効だという幻想があるように思います。

道具的理性は、道具的理性に支配されていない文脈においてしか有効ではありません。例えば、「これをやれば」と「これを得られる」の相関が資本主義社会において成り立つのは、それを可能にする目に見えない社会的な取引が無数にあるからにほかなりません。

もし私が株を買って長期投資した場合、株式取引の数学的法則として利益を得ます。株式市場は一時的に暴落する可能性があり、株を売らざるをえなければ損をしますが、長期的な株式市場の法則の通りであれば、長期的には得をします。

しかしこれが成り立つのは、道具的理性ではまったくコントロールできない物事があるからにほかなりません。コントロールできない物事は、道具的理性が機能するうえで欠かせない構成要素です。

よりスマートな社会とは、道具的理性を養うだけでなく、人々を道具的理性に馴《な》らす社会であるともいえます。これをしなければ社会は成立しません。しかし道具的理性は、目標設定があってのものです。ではなぜそもそも道具的理性を求めるのか。道具的理性が有効なのは道程の分析においてです。目標があって、そこにたどりつきたいわけです。

しかし、なぜその目標なのか。それこそが真の理性です。カントは理解（今の話では道具的理性に当たる）と理性を区別しています。

理解は判断を行う、判断を下すことにあるというのがカントの概念です。例えば、私はこれはペンである、これはコップである、色や形である、などと考えます。それが理解です。理解によって、私たちは現実を細かく解剖することができます。

それに対し、カントにとって理性とは能力、物と物を結びつける能力です。理性とは結論を導く能力だと彼が考えているのはそのためです。結論を導く能力、それが理性の定義です。

私が結論を導く場合、私は物と物を結びつけているわけです。例えば、すべての人間は死ぬ、ソクラテスは人間である、したがってソクラテスは死ぬ存在であると推論します。ここで私はソクラテスと人間を結びつけています。これがカントの言う理性です。理性とは物同士を結びつける能力なのです。

そして、**この「真の理性」こそが、道具的理性にとっての目標なのです。**

瞑想をはじめとする思考法や実践法は、私たちにその目標が見えるようにしてくれます。そちらのほうが重要です。瞑想を行うことで、効率を上げることさえ可能です。

道具的理性のスキルを上げるだけでは、物事を行ううえでの真の効率性は獲得できないと私は考えています。誰もが備えなければならないのはこのスキルです。しかし真の卓越は常に、スキルの養成を超えたところにあるものです。

真の効率性はこちらの意味で、理解ではなく理性の意味において合理的です。点と点を結びつける場合、真の効率性とは点の質を上げることではなく、点同士の結びつき方を向上させることなのです。真の効率性は現実を分解することではなく線を引くことです。

◆自我をなくしていくという試みについて

——次に、核心的なテーマについて伺います。自我についてです。

日本の禅僧には、「座禅を行うと、次第に自我、自意識が消えていく」と言う方がいます。もし、人間の欲望や苦悩の源泉が自我なのであれば、自我をなくしていくという試みは極めて仏教的だと思われますが、この「自我をなくしていく試み」というアイデアについて、どのように思いますか。


非常に興味深いアイデアですが、ただ、私は自我をなくしていく、ということには必然性を感じません。

まずは自我（ego）の定義をしましょう。自我についての一つの考え方は、単純に自己（self）として考えることです。その場合、自我とは他の物や他の人間ではない自分のことになります。私の自我とはテーブルではない私、グラスではない私、あなたではない私……そのように否定されつくした後に残るものです。つまり自己として考えた自我は否定によって成立します。これが自我についての一つの考え方です。

自己とは定義上、単なる否定になります。打ち消しなのでこれでは用をなさないのはおわかりになるでしょう。自己に否定を当てはめるだけではうまくいきません。それでは「〜ではないもの」として自我が増殖していくだけです。

これは瞑想のパラドックスです。瞑想しよう、瞑想しよう、瞑想しようと考えても瞑想はできません。だから、瞑想しようと考えないために、例えばマントラ（真言。バラモン教の祭式で唱えられる呪文）が必要なのです。自己を消し去る必要があるのです。

自我について別の捉え方もあります。それは、**自我とは人生の理性的なコントロールセンターだ**というものです。

私の人生における自我とは、私のために理性的な思考を行う部分であるわけです。例えば、私が東京の複雑な地下鉄の構内にいるとします。自我が私にこの路線に乗れ、これが切符売り場だ、この行き方が一番早い、人が来るから気をつけろ、妻にバラの花束を持って帰るのを忘れるな、などと指示します。これが自我です。この自我には何の問題もありません。自我はいわば生活の字幕のようなものです。生活に字幕がついているのです。内面に、自分のような誰かが自分に話しかけていると思われる領域があるのです。これにはおおむね害はありませんよね。

私たちが自我を正当に批判して、自我をなくしていきたいと思うときに意味しているのは、否定的な部分です。しかし自我には肯定的な部分もあります。そして肯定的な核心があるのです。否定的な部分の中に、肯定的な核心を見出す必要があると私は思います。そうしなければ私たちは否定的な部分に対して否定するだけであり、それは単なるメタ否定にすぎません。

それでも自己をなくしたいと考えるとき、自己はいまだそこにある。これがパラドックスです。仏教の歴史を動かしてきた大きなパラドックスです。自己が存在しなければ問題はない。問題の原因がないのですから。しかし、自己が存在するとしたら、それをなくすためには、さまざまな修行（practices）をするほかありません。理論的に解決するような問題ではないからです。これは理論や分析によっては解決できません。だから修行しなければならない。修行によってこれはある程度は解決します。仏教の一部が理論ではなく修行であるというのには理由があって、修行だけがこれを解決できるからです。

では、私に理解できる限りの修行、あるいは私が修行という形で行う実践において、何が起こるか。仏教の修行には千年単位の歴史がありますが、私の修行は別の文脈から生まれたものですから、仏教の修行ほど系統立ってはいません。私の修行はキリスト教の文脈から生まれたもので、これはこれで歴史があります。私が自己と付き合うための修行も、その意味で純粋に理論的ではありません。日本と同じく、伝統の文脈から生まれているからです。

さまざまなドイツの伝統にも千年単位の歴史があり、その多くはすたれてしまいましたが、文化革命によって伝統を消し去ったわけではありません。ただ、私たちドイツ人には自分たちの過去と非常に愛憎半ばする関係があるのです。我々は国民社会主義（national socialism、ドイツ語ではNationalsozialismus、ナチズムのこと）を排除することによって、多くを消し去らなければならなかったのです。

ナチズムにつながりかねないものをすべて消し去ろうとして以来、過去と愛憎半ばする関係になったのですが、伝統はたしかに存在し、修行の歴史もあります。それらは仏教の多くの修行と重なる部分があります。歴史をひもとけば、修行僧は旅をしたし、古代ローマ人が中国に行ったりもしています。20世紀のずっと以前からグローバルな交流があったのです。

自己が安定的に消滅した境地に達したとき人生に起きるのは、道具的理性の超克だと思います。それによって他者といっそう深くつながり、それまで見えなかった現実の層、因果的な現実の層が見えるようになります。私との対談（本書の巻末収録）をしてくださった光明寺僧侶の松本紹圭《しょうけい》さんが「ドイツが私を呼んでいる」と話してくださったように。

私が松本さんに「ドイツにいらしたことはありますか」とお聞きしたら、「まだですが、いずれ行きます。ドイツが私を呼んでいるから」とおっしゃいました。

ドイツに呼ばれている。このようなことは、自己を手放したときにはじめて見えるようになります。仏教や仏教のさまざまな修行が、自己の完全な消滅を目指すわけでないのはそういうことです。自己が完全に消滅してしまったら、もはや何も起こりません。そうではなく、別の現実の層とつながるようになるのです。

その場合、修行を通じて見えるようになったより深い現実の層は、表面の層とどうつながっているのか。これに対する答えが必要です。でなければ二元論になってしまいますから。

これがドイツの唯心論から仏教に対する反論です。議論はいろいろなされています。特にヘーゲルが多くの考察をしています。西洋の分析的、論理的体系を東洋の修行とどう関連づけるか。ヘーゲルには東洋思想について、当時として得られる限りの知識がありました。

苦に満ちた凡夫の世界と悟りを開いた後の真の世界という二元論は避けなければならない、なぜならそれでは二元論から離れられないからだ、と彼は言っています。二元論の克服を希求していたのに、また別の二元論になってしまうのです。ですから目標は二元論を回避することです。自己は戻ってきますが、それは新たな自己でなくてはなりません。変化した自己なのです。

◆仏教と資本主義は両立するか

——仏教では、人生の「苦（不満足）」の根本原因は欲望であり、その欲望を消滅させれば、私たちは苦のない境地に達すると考えます。これは、資本主義社会が求めているもの（自らの希望を満たすために消費活動を行う）とは真逆の思考だとも言えます。こうした幸福論は、資本主義社会においては排除されるべき思想なのでしょうか。

経済的合理性は選好、満足に基づくものですから、資本主義には仏教が「欲望」と呼ぶものが必要になります。

さらに、欲望をなくしたいという欲望もまた、欲望です。すなわち、仏教徒も生きている限り欲望を持っているのです。仏教は自分を殺せとは言っていません。仏教は、自殺と消費主義の中間にあるものだと私は考えています。別の生の形なのです。

なお、興味深いことに、日本では自然条件によってすでに消費主義に制限がかけられています。例えば、東京の小さなアパートメントには壁際にあまりたくさん物を置けません。一つには部屋が狭いからで、これはどうしようもない。誰もこれは解決できません。たとえお金持ちでも宮殿は持てません。ですから大金持ちの日本人でもこの問題は解決できない。また、たとえ家が広くても、地震があるので壁は空けておかなければならない。このように消費主義にすでに制約があるのです。

資本主義の数学的モデルを消費社会と異なる主観性に適用しても、豊かになることは完全に可能であると思います。21世紀の国富論が必然的に消費社会と結びついているというのは、幻想にすぎないと私は考えています。

現在の消費社会は、特に1960年代から始まっていると考えています。最初に大々的にその指摘をしたのは社会学者のジャン・ボードリヤールで、彼が「消費社会」という言葉を考案しました。しかし資本主義と消費社会は切り離せると私は考えています。今ある優れた数学的仕組みを別の生の形に適用すればいいのです。

現代の経済学は、実は数学の一分野にすぎません。財や市場とは無関係です。経済学者は経済の話をしているふりをしているだけです。でも経済について語っているわけではありません。

経済学者と一般人の関係は、司祭と信者の関係に似ています。

つまり、こういうことです。信者は司祭が内情をわかっていると思っている。しかし司祭は何かを知っているふりをしているだけなのです。司祭はまったく何もわかっていません。司祭が一般人と違う服装や歩き方などをしなければならないのは、司祭が何かを知っているとみんなに信じさせるためです。司祭は自分が何もわかっていないのを知っていますが、信者は知りません。

経済学者は資本主義の司祭のようなものです。彼らは市場について何もわかっていません。それはいいのです。私はそのことは批判していません。しかし、経済学者お得意の数学を私たちが利用したら、と想像してください。経済学者の数学は優れています。数学的ツールを使って、ブータンでやっているように、欲求の満足ではなく、本当の人間の幸福を測定するようになったらどうでしょうか。

私はある研究所で1年間、カルマ・ウラと一緒に仕事をしました。彼は仏教僧で、ブータンの国民総幸福量（GNH）の考案者の一人です。ブータンでは幸福を数学的に計算していますが、他のものも測定しています。ただしこれを単純に日本に適用することはできません。日本はブータンとはまったく異なる国ですから。

しかし、同じように日本社会の別の何かを測定すると想像してください。これまでのようにGDP（国内総生産）で経済の規模を図るのではなく、測定の対象を替えるのです。完璧なインフラ、魅力的な商品、任天堂、ラーメン店。すると突如として、日本社会がグリーンに見えてきます。例えば東京のどの家にも小さな緑地があるように見えてくる。すべては今までと変わらないけれど、上空から見ると緑に見えると想像してください。

指標の対象を替えることで、未来が変わります。資本主義の豊かな社会のまま、幸福な人々が増え、自殺が大幅に減っていきます。

◆私たちの人生は庭師になるためにある

――測定の対象を替えると社会がグリーンに見えてくる、という点について、もう少し解説していただけないでしょうか。

わかりました。ここで述べた「グリーン」は、ウェルビーイングの象徴的な言葉であるとともに、文字通りの「植物」ということでもあります。

人生の意味とは何でしょうか。人生の意味とは、善をなす力だと私は考えています。人間が存在することには理由があります。私たちの生は無意味ではありません。私たちの人生は庭師になるためにある。何でもそうですが、これも日本文化の中にあります。人間が存在する意味は、庭師であることです。

私たちは動物だから他の動物たちに責任を負っている、という今のエコロジー運動のような見方もありますが、彼らは誤解していると私は思います。私たちは他の植物に責任を負っている。生の形はおそらく動物ではなく植物の形をしている。動物とは動く植物です。

生物学的なレベルでは、人間も植物も人間以外の動物も本質的には変わりません。違うというのは幻想です。幻想にすぎません。幻想も意識の一部ですね。私の意識の観点からは、ライオンは樹木よりは私に似て見える。樹木は動かないし、足もありません。しかしそれはくだらない幻想です。もっと近づけば、みんな細胞組織がある。樹木の生のほうが緩慢ですが、樹木だって動いています。樹木は動かないという幻想は間違っているのです。子細に見れば、**生命のしるしはすべて植物が基本だ**とわかります。

ハイデガーは存在忘却について語りました。私たちは植物忘却について語るべきかもしれません。私たちは自分たちの物語において植物を忘れています。私たちは近代において自分たちを動物に変えました。私たちは動物でありたいと思うようになったわけですが、もし植物になるべきだとしたらどうでしょうか。次の段階は植物であるべきだと私は考えています。

◆小さな鈴を鳴らしながら銀座を歩く托鉢僧

仏教と資本主義というと、私が目撃した忘れ難いシーンのことを思い出さずにはいられません。

私が妻のために買い物をしようとはじめて銀座を訪れたとき、小さな鈴をチリンチリンと鳴らしながら銀座を歩く一人の托鉢僧《たくはつそう》がいました。私は驚きました。なぜ僧は銀座に行くのか。もちろん、人々に欲の存在を教えるためです。でも何も起こらない。みんな素通りしていきます。人々は買い物をやめませんでした。

この托鉢僧は、その後亡くなったと聞きました。

彼のことを想起すると、資本主義、消費社会が日本でこれほどうまく機能している理由の一端が示されているように思います。

銀座の托鉢僧は方向を示す存在（orientation）なのです。 あなたのしていることは、それはそれでいいのですよ、と彼は私たちに言います。「あなたが何を買おうと、私はかまいません。ただ、『物欲の危険性』だけは忘れないでください。これを意識して銀座でショッピングしてください」。銀座と仏教、これが正しい組み合わせなのかもしれません。

賢者が必ずいつか社会に再来する、という有名な話が仏教やキリスト教にあるのは、これが理由ではないでしょうか。欲望の生まれる街には、宗教による戒めが求められるのです。

◆道元の存在論——東西の哲学の出会い

——『なぜ世界は存在しないのか』（清水一浩訳、講談社選書メチエ、2018年）の著者であるガブリエルさんに、存在論について伺いたく思います。

仏教では、「常に存在できる本当の私、実体的な私」はない、なぜなら、すべては「縁（関係性）」によって生じるものだから、と捉えます（縁起）。縁起とは、すべての存在は無数無量といってよい程の因縁によって在り得ている、という考え方です。

13世紀の禅僧である道元は、「私が舟を漕ぐ」という場合、それ自体で存在する「私」と、それ自体で存在する「舟」を、それらとは別に存在する「漕ぐ」行為がつないでいるのではなく、まず「漕ぐ」行為があり、その行為によって「私」「舟」が現成《げんじょう》すると考えました。

また、般若心経《はんにゃしんぎょう》の有名な言葉に、「色即是空、空即是色」というものがあります。「色」（物質的存在要素）それ自体に実体はなく、実体がないまま縁起的存在として、物質は生成され、現前する（空即是色）という思想です。

このような、関係性によって存在が括《くく》り出されるという存在論について、どのように思いますか。

実体ではなく関係性が基本と考えれば、そのような存在論になります——私の哲学でもそのように見ています。

『Fields of Sense』（英語版）

私は「意味の場」の存在論を提唱しています。ところで私は場について、植物に関連づけて考えてきました。私の著書『Fields of Sense（意味の場）』の英語版の表紙には、畑（fields）で収穫する人々を描いたマレーヴィチの絵が使われています。私は fields と言うとき、物理学でいう「場」を指すと同時に、「畑」という意味も込めています。そして**場の構造が、私が「意味」と呼ぶものです**。

ですから場の中にある客体は単なる客体ではなく、場の構造が私が「意味」と呼ぶものであり、意味が、客体同士の関係を生むのです。客体のうちの一つではけっしてありません。私たちの状況を構成しているのは、客体の一つではないのです。

ディナーを例に挙げてみましょう。ディナーに行く場合、そこには久しぶりに会う友人たちがいるなど、一定の雰囲気があります。そのディナーの雰囲気が意味となります。すなわち関係性です。

ディナーに参加した人々は客体です。その関係性、意味が、客体の行動を構成します。

客体が意味の場の行動を構成するのではありません。私たちは主体です。主体である、誰かであるということは、「意味の領域」の影響下に身を置いていることです。そして「意味の領域」は関係性の領域です。

ここで東西が出会います。私の意味の概念は西洋哲学に由来しますが、東洋の存在論に見られる関係性を主とする見方とも完全に両立します。

私は道元の研究だけに10年を費やしたいくらいです。それだけの時間をかけてもまったく惜しくない。彼は大変重要な思想を語っています。

◆道元と心身問題――心と身体は時間の中で出会う

道元の存在論は、心身問題についても示唆を与えるものです。

日本語にも翻訳された私の著書『「私」は脳ではない　21世紀のための精神の哲学』（姫田多佳子訳、講談社選書メチエ、２０１９年）の英語版の表紙のことを思い出しました。そこには、上下がひっくり返った、逆さに走る自転車の絵が描かれているのです。とてもいい表紙です。

この本で私は心身問題への解決策を論じています。心が身体とどう関係するのか、意識が脳とどう関係するのか、これらは同じ問題を形を変えて論じたものですが、心身問題の解決策はサイクリングという行為です。

この本で論じた考えは、心は身体の活動であるということです。サイクリングのようなものです。自転車がなければサイクリングはできません。これがサイクリングの物質的な部分です。しかしまた、どこかに行こうという意思がなければサイクリングはできません。サイクリングするためにはサイクリングしたいと思わなければならない。これがサイクリングとサイクロン（台風）の違いです。サイクロンは自然に発生するものです。しかしサイクリングは自然発生しません。あなたがサイクリングしたいと思うから生じるのです。自転車を漕ごうという意思がなければ、誰もサイクリングをしません。

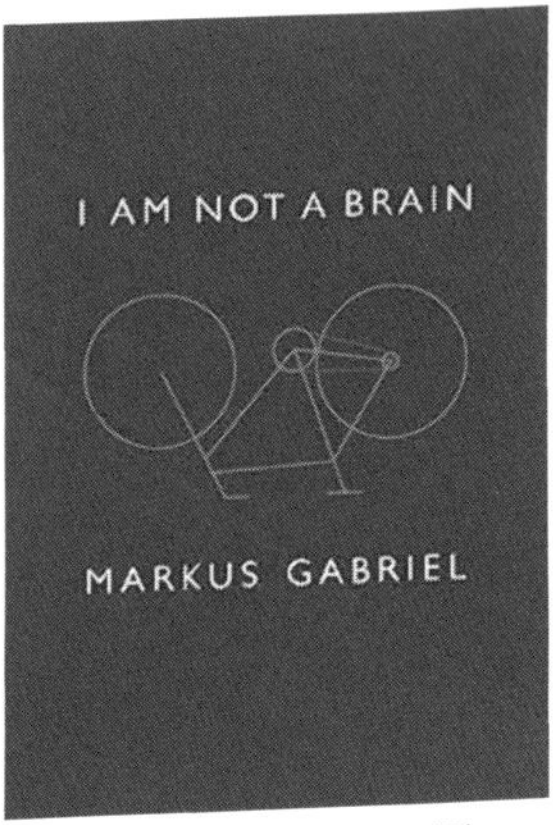

『I am Not a Brain』（英語版）

このように、自転車を漕ぐという一つのシステムがあって、心も自転車もそのシステムの一部です。私は著書『新実存主義』（廣瀬覚訳、岩波新書）でも、心身問題への回答としてこの考え方が正しいと論じています。「自転車を漕ぐ」というシステムがあるならば、そこには心が存在するのです。

同書で私は「条件主義」についても述べています。条件主義とは次のようなことです。現実の人間を見ると、心と身体があります。人間には心的な面と身体的な面があり、その区別の仕方を私たちは知っています。

サラが目覚めていて夕食について考えているとしたら、目覚めていることと夕食について考えていることは心的特性です。それに対して、体液によって調節されている空腹は身体的要素と言えます。このように区別ができます。

しかしサラという全体を見たとき、その区別をすることしかできません。全体にはさまざまなレベル、レイヤーがあり、サラの活動を含めた条件下における全体を分析するなら、サラの活動には生きていることも含まれます。生きていることは一つの活動であり、エネルギーの流れです。エネルギーは人間の体内を高速で流れています。光の速さとは言いませんが、非常に高速です。人間という動物の体内の各種プロセスは、非常に速い速度で変化していきます。

この諸条件を丸ごと見る場合、私が実際経験する、空腹などの状態それぞれにおいて、そこには心的な部分と非心的な部分があるはずですが、どこまでが心でどこまでが身体か、明確な分割線はありません。それぞれの状態によるのです。

そこであなたは私の状態を条件1から条件Nまでの条件に分析するとします。理にかなう分析を行うなら、条件は無限に近いものになるでしょう。もしあなたが私の状態をレイヤーごとに分析できたとしても、その数は膨大でしょう。私の脳のニューロンや、他の細胞やその相互作用について考えるだけでも明らかです。身体の部分だけでもそうなのに、それに加えて心的状態もある。巨大なネットワークなのです。

条件主義とは、**「心と身体は明確に分かれていない、実際には心身の関係がシステムの変化に従って動いている。常に水が入れ替わっているプールのようなものだ」**という見方です。身体の要素が強くなることもあれば、心の要素が強くなることもありますが、半分が心で半分が身体、というような分割線は私の中にはありません。動いているシステムの中で両者は絡み合っているのです。

ここで道元の存在論に至ります。道元の存在論では、あらゆるものが実は部分の運動であり、部分は抽象概念の中でしか固定できません。今現在あなたは私の身体について考えることができますが、それは抽象概念です。なぜなら（考え出したその瞬間に）その私の身体はすでに変わってしまっています。このように私たちはきわめて急速な変化という条件下で生きていますが、変化の形を分析すれば何かが見出せる。それが脳と自転車の関係です。

だから、心を持つためには自転車——つまり脳——が必要なのです。しかし心を持つとは自転車を漕ぐことです。今日私がどうやって仕事場に来たかといえば、私が自転車を漕がなくてはならなかったという説明になります。私の脳は私の家から仕事場に移動しましたが、自転車と同じで脳自身がみずからを運転したのではない。私が脳をここまで移動させたのです。しかし「私」は外部ではありません。私の頭の中でも外でもない、場所の中にいるのではありません。時間の中にいるだけです。

心は時間の中に、身体は空間と時間の中にあり、両者が時間の中で出会う。心と身体は空間の中で出会うのではありません。時間の中で出会うのです。

さて、私が子どもの頃に初めて出会った詩の一つに、ドイツ人詩人アンドレアス・グリュフィウス（１６１６－１６６４）の、三十年戦争（１６１８～１６４８）の時代の「Es ist alles eitel（すべては空《くう》なり）」という詩がありました。今でも子どもたちに読まれているといいのですが。

中世、いや実際はもっと後ですね、その時代のドイツにもそんな考えがありました。

「空」はドイツ語では「Eitelkeit」です。
このような詩です。

すべて空なり

目に映るもの、すべてこの世の空ばかり。
今日だれかが築くものが、明日には別の者に打ち砕かれる。
いま町が広がる場所はいずれ草原となり、
羊飼いの子が羊の群れとそこで戯れるだろう。

いま栄華を誇るものもやがて踏みつぶされ
今日生き生きと動くものも明日には灰と骨になる。
永遠に続くものはなにもない。鋼も大理石も。
いま幸運が笑みを見せても、すぐに苦悩の声がとどろきわたる。

偉大な業《わざ》による栄光も夢のように消えゆく。
時の戯れである浅はかな人間が、存在しつづけるべきだろうか。
ああ、われらが尊ぶもの、このすべて、
すべてがつまらない無、影、塵、風、
だれも目にとめない野の花のようなもの。
しかし永遠なるものに目を向ける者はなし！

私たちはこの詩を読んで育ちます。どこの詩と言わずにこれを読み上げたら、あなたは「これは日本の詩ですか？」とたずねるかもしれません。いや、これはドイツの詩です。私たちにもこのような思想があるのです。

◆ニヒリズムとモダン・ニヒリズムの違い

――人は「業《ごう》」によって生じたエネルギーにより、輪廻転生《りんねてんしょう》を行い、次の「苦」に満ちた生を繰り返す、とブッダは考えました。ヒンドゥー教でもそのように捉えられており、永遠の生を繰り返すという発想は東洋思想の一つの特徴だともいえますが、この概念についてどのように思いますか。また、西洋哲学は「生」が有限であるということをベースにして発展してきたものだといえるでしょうか。

西洋哲学は実は、生は無限であるという思想であり、ただ形が違うのだと思います。ただし、ここで古代西洋哲学と近代西洋哲学を区別しておくのは、非常に重要なことです。タイミングと形は異なりますが、日本と同様に私たちも近代化と付き合っています。私たちは近代化に慣れ親しんでいるわけではありません。どの国でもそうでしょう。他国でそうであったように、近代化は私たち西洋人にとっても異質なものでした。ただ他より早く、違う形で起きたにすぎません。

古代西洋哲学には「永遠の魂」という概念があり、この概念は18世紀の近代化の段階では消えませんでした。デカルトが自己や自我などを発見したことについては、魂の永遠性について論じた『Meditationes de prima philosophia』（『省察《せいさつ》』）において記されています。

この書物の核にあるのは瞑想（Meditationes）という概念です。西洋哲学を代表するような書物のタイトルが「瞑想」。ここにも東洋の影響が見られますね。

デカルトは三十年戦争のときにドイツでこの本を執筆していたと伝えられています。自我を発見したとき、彼はウルムというドイツの町にいました。戦争のさなかの冬に彼はたった一人、部屋の中で暖炉を前にしていました。そして彼は、すべてを疑うという課題に取り組み始めたのです。

しかし19世紀のさらなる近代化の過程で、ある思想が生まれました。私はこれを「モダン・ニヒリズム」と呼んでいます。その起源がどこにあるかはわかりませんが、1850年前後に誕生したはずだと考えています。私はこれは間違った思想だと思っていますが、重要な形で西洋に関わり、非常に力を持った思想であることに変わりはありません。すなわち、次のような考え方です。

西洋の近代人に「生まれる前の私の生はどうであったか？」と問うたら「何もない、私はいなかった」と答えます。死んだら私の生はどうなる？「生まれる前と同じ、無だ」。では今は？「二つの無の間にある短い期間だ」。つまり、私は生まれる前は無であり、死んだ後また無になる。ここには永遠の魂という考えは見られません。

これが消費主義と結びついています。というのも、80年続く人生（80代を健康に過ごせれば90歳まで生きられるかもしれませんが）の期間に、何をするかが問題になるからです。これが近代の考え方です。

「モダン・ニヒリズム」について考える前に、まず「ニヒリズム」という概念について解説しましょう。この言葉がつくられたのは1733年、あるドイツ人哲学者のラテン語のテキストにおいてです。これがこの言葉の出典です。彼は否定の態度を指す意味で使っています。それがニヒリズムについての彼の基本的な考えでした。ここに仏教が関わってきます。というのも、後にニーチェが仏教はニヒリズムであるとして非難するからです。「ニヒリズム」とは、すべてのものに「肯定的な核」などなく、否定の連鎖によって成立しているのだと捉える概念です。

例えば、今私の目の前にあるこのペットボトルはこのノートパソコンではありません。両者は別のものです。つまり、これは青でこれはグレーだ、青はグレーではない、ということです。ペットボトルはノートパソコンではない。プラスチックは金属ではない。これが何であるかを成立させているのは、「あれではない」ということです。でなければ、「これ」は「あれ」だということになってしまいます。では、ペットボトルの固有性がすべて、ペットボトルではないものすべてに対する否定的な関係でしかないとしたらどうでしょう。プラスチックは水ではない、水はプラスチックではない、というように。すべてのものが、別のものではないことによって成立していると想像してください。否定の連鎖しかなく、肯定的な核が存在しません。「これではない」が連続するだけで、肯定が皆無です。

あなたが「マルクスさん、あなたは何ですか、誰ですか」と聞いたら、私はあらゆる否定で答えることができます。「私はテイラー・スウィフトではない」「私はドナルド・トランプではない」「私はマンハッタンではない」。永久に続けられます。それでもあなたには私が誰かまったくわからない。すると現実とは否定が無限に続くネットワークのようなものになります。これが１７３３年の（モダン・ニヒリズムが生まれる前の）ニヒリズムでした。

その後、非常に興味深い展開が起きます。19世紀前半に、まず哲学者たちがニヒリズムを宗教の否定として使いました。やがてニヒリズムは政治的な意味を帯びるようになり、後にロシア人がニヒリズムという言葉を近代化を指すために借用し、現代において非常に重要な概念、私の言うモダン・ニヒリズムになりました。その思想体系において、モダン・ニヒリズムは「生まれる前の私は無である。死後の私は無である。その中間の私は一つの肉体、欲求を持つ肉体である」という考え方を意味するようになります。そしてこれはオントロジー（存在論）、消費主義の存在論です。

でも、先ほど述べたように、そもそもモダン・ニヒリズムが真実かどうか、わからないのです。

1850年頃に、私たちに魂がないことを科学は発見していません。ですからこれは、イデオロギーの産物にすぎません。

モダン・ニヒリズムというイデオロギーはイギリスの産業革命のものだと私は考えています。モダン・ニヒリズムはイギリスの工場にありました。マルクスはそこからニヒリズムの思想を得ています。エンゲルスがイギリスの工場を経営していたからです。ニヒリズムが誕生したのはイギリスという島国においてです。それがどういうわけか拡散し、現在に至るわけです。

◆新実在論と仏教――「世界」に囚われず生きる

――前出の『だから仏教は面白い！』によると、仏教では「世界（ローカ：loka）」は、欲望に染まった凡夫が形成する認知の全体のことを指す言葉として認識されています。我執があるがゆえに、世界という「仮象」を形成しているのです。そして、この世界が「苦」だからこそ、苦を終わらせるためには世界を終わらせなければならない（解脱《げだつ》する）と説くのですが、このような「世界」の認識は、あなたの「新実在論」とも通じるところがあるように考えます。改めて新実在論について解説しながら、ご見解を述べていただけないでしょうか。

まず、私の「新実在論」について説明しましょう。新実在論とは、世界は存在しない、**世界とは最新のプロパガンダによるイデオロギー上の産物にすぎない**、という認識に立った考え方です。最新のプロパガンダは、世界を完璧な欲求充足の密なネットワークのようなものだと捉え、その中を移動していかなければならないかのようにあなたに感じさせるのです。

この世界は、例えば空港に明確に表れています。羽田空港やチューリッヒ空港は、いかにも世界そのものです。

羽田からは世界中に移動することができます。さらに羽田空港は、すばらしいショッピングモールでもあります。ショッピングをするには最高の空港の一つです。チューリッヒ空港も同様です。空港にいると世界とつながっているような気持ちになります。そしてあなたがつながっている世界はあらゆる欲望の総合体です。何でも手に入るような気になります。まずダイヤモンドを買って、それから、それから……と。

しかしこれはもちろん幻想です。空港を出てコンゴに飛び、コンゴの空港から一歩出れば、あるいは行き先がムンバイであっても、急にそこは世界に見えなくなります。そこは世界ではないのです。

私が提唱しているもう一つの哲学・新実存主義は、世界なしにどう生きるかという哲学理論です。世界がなくなったら、その後どう生きるのか。それが新実存主義です。これを私は英語で new existentialism ではなく neo-existentialism と呼びました。なぜか説明しましょう。映画『マトリックス』のネオに関連付けているのです。ネオは『マトリックス』の主人公で、マトリックスの幻想から脱出する人物です。だから新実存主義は neo-existentialism なのです。ちょっとした言葉遊びです。

仏教の「ローカ」についての考え方は、世界を「最新のプロパガンダによるイデオロギー上の産物」とみなす新実在論と通じるところがありそうですね。

そして、さらに興味深いことに、キリスト教にもまったく同じ考え方があるのです。新約聖書、特にパウロの「コリントの信徒への手紙一」には、「この世の知恵は、神の前では愚かなものだからです」（３章19節）という有名な一節があります。sophia tou kosmos、「この世の知恵」です。

ギリシャ語で世界を意味する「kosmos」という言葉が使われていますが、パウロがここで想定しているのは、欲望と権力のネットワーク、古代ローマ帝国です。そしてご存じの通り、キリスト教徒が古代ローマ帝国を崩壊させました。キリスト教が世界を、古代ローマ人の世界を破壊したのです。

◆ローマ帝国の終焉を予見していたパウロ

パウロがこの非常に思索的で不思議な文章を書いていた時代を考えると、驚くべき内容です。キリスト教が後にどうなったかを捨象してこのテキストだけを読んだとしても、驚異的です。彼は当時世界を支配していたローマ帝国に反応しています。そして彼は世界について語るとき、ギリシャ語の「kosmos」（cosmos）という言葉を使っていますが、それはローマ帝国が領土に課していた秩序でもありました。

これが本当のポストコロニアル思想です。彼は巨大な、とてつもなく強大な帝国の存在を相手にしている。だから彼はあらゆる場所に出かけているのです。帝国中をめぐり歩いて説教をし、手紙、公開書簡を、悲惨な抑圧下にあるさまざまな民族に向けて書き、人々を抑圧から解放しようとしています。ただし政治的にそれを行うことはできない。政治的に帝国に対抗する手立てはない、だからかわりに精神の解放という方法で人々を解放しようとしている。それが彼の本当の企てです。

そして彼はある程度勝利しました。最終的にキリスト教はローマ帝国を崩壊させましたが、完全にではありません。両者は融合したのです。だから今でも、異教の祝祭であるクリスマスが祝われているのです。名目はキリストの誕生を祝うことで、その点ではキリスト教的ですが、クリスマスツリーだとかお祭り騒ぎのような祝祭は完全に異教的です。これは一例です。

「mundane（平凡な、ありふれた／現世の、世俗的な／世界の、の意味がある）」という言葉を口にするとき、例えば「ごくありふれたビーチだ」などと言うときや、フランス人が「le monde」と言うときにも、これらには「世界」という意味が含まれています。「皆が」をフランス語では「tout le monde」と言いますが、これは直訳すれば「全世界」です。また「le monde」は洗練された上流社会を指します。あるいは誰かを世渡り上手だと評するときに「worldly」という言葉を使ったりもします。

パウロが世界について語るときに意味したのはそういうものです。世界は、物事の今現在のありようは真の現実である、という幻想なのです。

そしてパウロは自分が描いたヴィジョンの中で、ローマ帝国の終焉《しゅうえん》を見ていました。ただ、他のキリスト教徒たちと同じように、もっと早くにそれが起こると考えていた。しかしローマ帝国の崩壊はパウロ（？－60）の時代よりかなり後になりました。

中国やエジプトなど、それ以前にも長く続いた帝国は他にもありました。ただしそれらは帝国主義的ではなかった。エジプトはアフリカ全土を支配することはなかったし、中国も同様です。中国も他国を秩序立てて統治することはしませんでした。中国帝国（秦）は万里の長城を築きました。これは占領支配とは逆ですね。彼らは城壁を築いたのです。

古代ローマ人は城壁を築くかわりに領土を拡大しました。領土拡大の過程で誰に対しても自分たちの文化を押し付けました。帝国主義を批判する際に人々が懸念するのはその点です。この帝国主義的な力がローマ帝国です。だから私たちは「帝国（empire）」という言葉を使うのです。古代ローマ帝国を私たちは他の言葉では呼びません。

◆なぜ酒を飲んではいけないのか

——パウロが古代ローマ帝国の「知恵」を「神の前では愚か」だと説いたとすると、やはり欲望に囚《とら》われないことを重視していたということかと思います。仏教では、欲望に囚われずに生きるために、「三学」の実践が必要であると説きます。

「三学」とは「戒《かい》」「定《じょう》」「慧《え》」を指します。「戒」（行動規範）はいくつか種類がありますが、在家信者が守るべき戒は五戒、すなわち「殺さないこと」「盗まないこと」「不倫をしないこと」「嘘をつかないこと」「酒を飲まないこと」。「定」は心の動揺を治めて一つの対象に集中すること。「慧」は物事の真理を見極めること。こうしたアプローチを行うことについて、どのようにお考えになるでしょうか。

五戒はモーセの十戒[4]よりずっといいですね。十戒はあまりよくない。「殺すな」「姦淫《かんいん》するな」などは共通していますが、五戒のほうがいい。「酒を飲まないこと」は除外したいですが（笑）。

先日、私はあるイスラム法学者と有益な議論をしました。今はドイツの大学にイスラム神学科ができていますから、そんな大学の一つで講演をした際、夕食の席で、なぜあなたがたは酒を飲まないのですかとイスラム法学者にたずねました。すると非常に興味深い答えが返ってきました。

実は、私は彼が聖書を読み間違えた回答をするだろうと予想していたのです。

ムスリムは、旧約聖書のあるエピソードに違う解釈をしたのだと、私は教えられていました。ノアの方舟のノアが酒に酔って、性のタブーが犯される不幸な事件が起こります。読み解くのが難しい、息子の一人が巻き込まれる理不尽な話です。ムスリムはこのエピソードを読んで、だから酒に酔うべきではなかったと解釈したのだと私は教えられていたのですが、そうではなかった。「クルアーン（イスラム教の正典）にはこのエピソードはありません」と彼は言いました。

彼は「酒に酔っているときに車を運転しますか？」と聞いてきました。私は「いいえ、自分や他人を危険にさらすからそんなことはしません」と答えました。飲酒運転をすべきでない理由は十分に理解できます。次に彼は「酒に酔った状態で授業をしますか？」とたずねました。「授業にならないからそんなことはしません」と答えました。次に彼は「酒に酔った状態でお葬式に行きますか？」と聞きました。「いいえ、葬儀の後なら飲みますが」。

すると、「では想像してください。あなたの心の中、あなたの思考、あなたの意思は神に見られています。神は常にあなたを見ている。法律と同じです。法律があなたを見ているから、あなたは法を遵守《じゅんしゅ》する。飲酒運転をするなと法や倫理があなたに言っているのです」と彼は言いました。

そして彼は続けました。「さて、法律が常にあなたを見ていると想像してください。だからあなたは酒を飲めない。なぜなら、ムスリムであろうと、キリスト教徒であろうと――私はキリスト教徒ではなく元キリスト教徒ですが――あなたは飲酒運転をしないことを受け入れているからです。私たちは酒に酔った状態で頭を使う作業をしないことを受け入れている。酒が思考力を奪うと考えるからです」。それは理にかなっていると私は考えます。

これは仏教にも通じると思っています。欲望と戦っている状態ではリラックスできません。戦いに休みはありませんから。欲望との戦いを一休みして酒を飲もう、では話にならない。飲み方をわきまえる、ならありうる。もちろん飲酒は健康によくありませんが、生きていること自体が健康によくない。人は必ず死ぬのですから（笑）。

ですから問題は、ここにも矛盾があるということです。もし仏教徒が無の境地、「定」に達したいのだとしたら、健康を気にする必要はあるでしょうか。無になるなら健康に何の益があるでしょう。無に至る道筋において健康であったほうがいい、などの言い分はあるかもしれません。健康がすばらしいのは理解していますが、なぜ仏教徒が健康を求めるのか。欲が強すぎるのではないかと、私にはおかしく思えるのです。

仏教からいろいろな答えはあると思います。飲酒の文化があって、それは食事と同様に社会的な意味があるのだという見方もできるでしょう。

◆嫉妬という大罪

一方、中世の西洋には「枢要徳《すうようとく》」（知恵、正義、勇気、節制の重要な4つの徳）と「大罪」（人間を死に導くとされる傲慢、嫉妬《しっと》、憤怒《ふんぬ》、怠惰、強欲、暴食、色欲の7つの罪）という伝統的な考えがあります。

7つの大罪にも欲が含まれています。7つの大罪をモチーフにした映画『セブン』を覚えていますか？　特に嫉妬と強欲には気をつけなければなりません。だから私たちには知恵が必要なのだと思います。

どんな組織にもその組織のリーダーとなる職能があります。会社であれば管理職かプロジェクトリーダー、大学なら総長、学部長、学科長など。こうした地位は仕事の便宜上必要なものにすぎません。しかし、地位を獲得することが人生の目的になってしまう人がいます。こうした権力欲が強い人は、ときに無分別な行為に出ることがあります。こうした行動をいかに罰するかについて知るべきは、その人物の行動が嫉妬から発しているかどうかです。

スイスは私の大好きな国ですが、スイスで「気をつけろ」と言われていることがあります。スイス人は自分たちをアイトゲノッセン（Eidgenossen）と呼びます。英語で何に当たるかわかりませんが、ともかく、スイスは盟約（Eid、アイト）を礎《いしずえ》として建国されました。しかしこの言葉はドイツ語で嫉妬を意味する言葉「Neid」（ナイト）に音が似ています。ゲノッセンが「同志」。「盟約を結んだ同志」がアイトゲノッセンなのですが、私のスイス人の友人たちがいつも「我々はナイトゲノッセン、嫉妬深い同志たち」だから気をつけろと言います。ダジャレですね。

ともかく、嫉妬は非常に大きな問題だと思っています。なぜなら自己愛性パーソナリティ障害をはじめ、職場に害をもたらすものは、形はさまざまですが結局のところ、嫉妬から生じているからです。

嫉妬は自分の利益を犠牲にしてでも他人の利益を損なおうという感情であることが知られています。そして嫉妬は必ず権力欲に関係します。**嫉妬は他人になりたいという気持ちから生じます。**自分があいつになりたい。自分でいたくない。

「自己愛性パーソナリティ障害」という、過剰な自己愛を抱えた人たちがいます。過剰な自己愛には多くのバリエーションがあることを理解する必要があります。具体的に言うと、世の中のすべてを自分中心に考え、他者を認められない人がいます。ところが反面、彼らは自分以外の誰かになりたがる。自分が最も不幸な人間だからです。一番不幸な立ち位置にいるのが自己愛の強い人です。

そして、自己愛の強い人は重いうつに悩まされることが多い。誰かに称賛されるとエネルギーが出る。ただし、他人を破壊しなければ彼らはエネルギーを得られない。他人のエゴからエネルギーを奪って自分のエゴのバッテリーに充電するのです。質の悪いバッテリーですから、ゼロレベルに低下するたびに、他人のエネルギーを奪いに行かなければなりません。

これが権力欲の構造です。私たちの社会はこの過剰な自己愛のために苦しんでいます。

ですから、まず克服しなければならないのは、嫉妬が自己愛に注入するドラッグであることです。欲望にもいろいろな種類がありますが、他人のものを欲しがる嫉妬は最悪のものだと思います。

では嫉妬を克服するにはどうすればよいでしょう？　前述の通り、嫉妬は必ず、別の誰かになりたいという欲望から生じると私は思っています。つまり嫉妬とは自己との関わりの欠如なのです。ですから嫉妬を克服するには、自分自身と向き合い、自分自身になる方法を学ばなければなりません。自己愛は一見すると自己陶酔であるかのように見えますが、自己愛者には自己がない、これが自己愛のパラドックスです。自己愛者の問題は彼らが何者でもないことです。自己愛者の中には誰もいないのです。

ですから嫉妬を克服する方法は、いかに自分自身になるかを学ぶこと、自分が別の人間にはなれないと理解することです。

結局のところ、またギリシャ人とアジア人の源泉に立ち戻りますが、彼らは嫉妬に関して完全に意見が一致していました。嫉妬の克服とはいかに死ぬかを学ぶことだといいます。なぜなら、別の誰かになろうとするのは不死の存在になろうとすることだからです。もし別の誰かになれたら、たえず別の肉体に乗り移って永遠に生きられるはずです。これが嫉妬の一面です。嫉妬とは自分自身の存在の欠如によって現実の空間全体を埋めようとすることです。自分が無だからすべてになりたい。これは深い洞察ではありません。もちろん私たちはある意味で無ですが、嫉妬は自分が感じている虚無ですべてを埋めようとすることなのです。

◆マインドフルネスの欠点

――さきほど仏教では「定」、集中力を高めて心を静かにすることを信者に求めていると述べましたが、集中力を高める方法の一つとして、米国でも実践者が増えているのが「マインドフルネス」です。自らの「歩く」「食べる」といった行動に集中して意識を向けることを指します。こうした意識の訓練を行うことで、欲望や衝動の命じるがままに行動することを防ぐ効果があるとされています。

このように自分の行動に意識的になって、自分を客観視するのはある種哲学的な営為だともいえるかと思うのですが、いかがでしょうか。

私は、マインドフルネスには一つ欠点があると考えています。それは個人主義的すぎるところです。

我々は人生において、さまざまな問題に直面します。まず健康、つまり身体に関する問題。次に社会的な問題――恋愛、家族関係、嫌な上司がいるとか。自己愛の強い上司がいたり、圧迫的な職場環境で働いていたりするのは深刻な問題です。あとは経済的な問題。失業して新しい職に就けないなど。

これらは人々が抱える典型的な悩み事です。これらはマインドフルネスを実践しても解消しません。解決策は内面を変えることではないのです。

たしかに、同じ問題が再び起こることを避けるためにマインドフルネスが大きく貢献する場合もあります。有害な人間関係が、これらの問題を引き寄せている場合もある。そうであるなら、今後そのような関係をつくることを避けるために、魂を掃除する必要がある。しかしマインドフルネスだけでは解決しません。

これはヒンドゥー教の欠点でもあります。ヒンドゥー教の聖典『バガヴァッド・ギーター』の有名な場面で、親族との戦いに迷いの生じたアルジュナ王子が、神の化身クリシュナから親族を殺すための心のあり方を教わったことを忘れてはなりません。

第二次世界大戦中の日本を見ると、ここでも仏教が大きく関わっています。仏教が戦争犯罪を防いだわけではありません。仏教は戦争犯罪をよりマインドフルに行うことを助けただけでした。もちろん仏教は殺生を禁じているのですから、矛盾しています。仏教は当然ながら好戦的なものではありません。それでもこのように容易に悪用されてしまうのです。[6]

ですから、特にアメリカにおけるマインドフルネス・トレーニングは、実在する問題の解決を避ける手段でしかありません。自己愛の強い人間が大金持ちになりやすい社会的な条件を正す必要があるのです。今は大金持ちの自己愛という問題、エゴの問題がありま す。実在するエゴの問題は、それに苦しめられている人たちが瞑想したからといってなくなりません。私が、真のマインドフルネス・トレーニングは社会的なものでなければならないと考えるのはそのためです。

社会的な思想と仏教を合体させると想像してください。なぜなら仏教を個人主義的なものにしないほうがいいからです。仏教が個人主義的なものであったら、これもまた自己矛盾になります。だとしたら**仏教は自分のことだけ、自分の心の平穏に関わるものでしかなくなるからです**。それは仏教思想からするとまったくエゴイスティックな考え方になるでしょう。

私は、王子として生まれたブッダが国王にならなかったのは自分勝手だと昔から思っていました。彼にはその選択肢があったわけでしょう。彼は王になるべきではなかったか。ならなかったのはちょっとエゴイスティックです。悟りを開いた後に、家に戻って王になるのが解決策だったのではないでしょうか。そうしたら状況は変わっていたはずです。彼は社会を変えていたでしょう。

◆「悟り」とは何か

――なるほど。そうなると、仏教における「悟り」という概念も、個人的な事象に留まっているのかもしれません。一般的に悟りとは、欲望を手放し、自分が輪廻的生存状態に戻ることはないという確信を得ることを指すとのことですが、「悟る」という状態を哲学者としてどのように捉えますか。

私は、**「悟る」とは俗世に身を置きつつ、偏りのない視点から俗世を見ていること**だと思っています。浮世離れしているわけではない。神のように遠くから、自分には関係ないものとして俗世の出来事をただ見ているのではありません。俗世の中にいるのです。

再び銀座の托鉢僧を引き合いに出しますが、彼は俗世の中に身を置いていました。しかし物事に対して偏りのない視点を持っているから、結局は俗世のことは重要ではないとわかるのです。せんじつめれば、すべては何ほどのこともないということです。

「これが悟りということではないか」と思った瞬間が私には何度かありましたが、明確に覚えているものが二つあります。一度目は、「自分は哲学者になりたい」と明確に意識したときで、俗世的な物事をいろいろ拒絶し、当時は学校でも筆記試験の答案を白紙で提出しました。校長先生が哲学者だったので私を理解してくださいましたが、理由をたずねられました。

それで私は「こんなものには意味がないからだ」と答えました。「試験で問われているのはたかが知識であり、本当に考え抜かれたものではないのに、意味がありますか？　大事なのは哲学です」。このときに森の中に入って修行してもおかしくなかったのですが、森なんてありませんでしたからね。紀元前6世紀ではなかったですから、ブッダのように森に行くわけにはいかなかった。それで白紙の答案を出したのです。

同時に、自分はいずれどうせ死ぬのだから、自分の身に起きることはなにほどのものでもないと思っていました。死が救いになりうると。

話が脱線しますが、拷問が残酷なのはこの点です。拷問者は拷問を受ける側を殺しはしない。拷問された人は死んだほうがましだと考えますが、拷問者は死でもって脅すわけではない。殺さないことが脅しになるのです。「これがいつまでも続くぞ。殺しはしないからな」。だから拷問は残酷なのです。死よりもひどい仕打ちを続けるから、拷問によって人は壊れる。死によって救われないからです。

さて、二度目に同じようなことが起きたのは、ハイデガーの『存在と時間』を読んでいたときでした。この本はまさに死をテーマとしています。彼が「本来性」と呼ぶ真の自由は、自分の死を前向きに受け入れることによって到達される、と彼は言っています。これをハイデガーは「死への先駆」と呼んでいます。

この箇所を読んでいたとき、当時はこれが真実だと完全に納得して――今は違う考えですが――ふいに現実と一体になったと思いました。その感覚を今でも覚えています。いまだにその感覚を呼び起こせます。いつもではありませんが。その感覚を見失うと悲しい気持ちになります。

完全な悟りとは、常にこの状態にあることではないでしょうか。

◆異教徒を排除する宗教、排除しない宗教

――ロシアのウクライナ侵攻にはキーウにあるロシア正教の聖地を取り戻すという側面があり、イスラエルのガザ侵攻にも異教徒への攻撃という側面があるのではないかと考えます。このような戦争の時代において、仏教のような異教徒を排除しない価値観は、貴重だと思うのですが、いかがでしょうか。

この時代に一つ理解しておくべき重要なことは――私たちはまだそれを十分に考慮していません――**今は宗教戦争の時代である**ことです。私たちがいまだに宗教を抜きにして地政学的状況を理解しようとしているのは驚きです。少なくとも西側諸国はこの間違いを犯しています。西側が地政学的状況を理解するために、宗教というカテゴリーを用いないのは大きな過ちです。

ウクライナ戦争の原因は経済状況ではありません。プーチンは資源を求めているのではない。ロシアは世界有数の資源国です。ウクライナの資源など必要としていない。そういうストーリーは語れますが、真実ではありません。農業が狙いだろうとか、あれが欲しい

のだろう、これが欲しいのだろうとは言えますが、プーチンはすべて持っています。

NATOを西に後退させようとしているという説も違う。プーチンはNATOに対する緩衝《かんしょう》地帯を求めているのでもありません。NATOに対する緩衝地帯などいつでも確保できる。これも本当の説明にはなりません。

ですから、ウクライナを侵略したのは宗教的な理由によるものだと私は思っています。宗教的かつ形而上学的な理由です。プーチンは一貫してレーニンを批判しています。プーチンのウクライナ侵略にはレーニン主義が大きく関係しています。「レーニンがウクライナに国家主権を与えたからだ」と最近指摘したスラヴォイ・ジジェク（スロベニアの哲学者）はある意味正しいのです。レーニンが構想したソビエト連邦は、ロシア以外の構成国に大きな独立性を持たせるものでした。プーチンはそれを攻撃しています。彼は宗教による帝国を作りたいのです。

そしてガザ侵攻に関しては、現イスラエル政府の現職の大臣のほとんどが原理主義者であることを忘れてはなりません。ベンヤミン・ネタニヤフが権力の座に居座ることを正当化するためにユダヤ原理主義を利用しているのも私たちは知っています。

私たちはユダヤ原理主義を相手にしなければならないのです。また、ユダヤ人による深刻な暴力もあります。すなわちユダヤ人入植者です――これは誰もが認める基本的な事実を述べているにすぎません。

筋金入りのイスラエル擁護派でも、ユダヤ人による暴力があることは認めなければならないでしょう。もちろんイスラエルはユダヤ教が特定の役割を果たしている法的主体、国家であって、イスラエルがユダヤ教と同一でないのは明らかですが、今回の状況になるずっと以前からヨルダン川西岸地区でユダヤ人による力の行使が行われているのは議論の余地のない事実です。こうしたことを前提に考えるべきです。

キリスト教の役割も考えましょう。キリスト教プロテスタント派の原理主義者である福音派も、地政学的な紛争において重要な役割を果たしています。ドナルド・トランプも、J・D・ヴァンスもこれに深く関わっています。

J・D・ヴァンスはカトリック原理主義者です。これは新たな構図です。彼は新たなキリスト教原理主義を議論に持ち込んだのです。「我々」と「彼ら」を区別する宗教は、昔から宗教による暴力の原因です。

ですからこの観点から仏教、あるいはヒンドゥー教徒であったガンディーによる和解の実践に目を向けてもいいはずです。ガザとウクライナの現在の状況に和解の希望は見られません。仏教は、異教徒を排除しない価値観を持っています。和解について、仏教国から私たちが何を学べるかが課題となるかもしれません。

◆人間にとって宗教は必要か

――日本人は仏教から大きな影響を得ていますが、仏教徒を自認している人は多くないと思われます。そもそも人間にとって宗教は必要なのでしょうか。

私は、「人間に宗教は必要か?」という問いには、完全にイエスだと答えます。絶対的な意味において人間というものはほとんどが宗教的であり、さらに歴史的に見れば、相対的に現代の人間はより宗教的だと私は考えます。21世紀は最も宗教的な世紀です。21世紀を世俗の世紀だと考える人が多いようですが、それは完全に誤った捉え方です。世俗化は本当は起こらなかった。私たちは世俗の時代に入るだろうと考えた時期が短期間だけありましたが、そうはなりませんでした。ですから私たちは、宗教の質を向上させる必要があるのです。

なぜなら、ニヒリズムはおそらく誤りだからです。私はニヒリズムを誤っている可能性があるものとして、つまり誤りと断定はせずに提示することがよくありますが、去年あたりから、ニヒリズムは誤りであると言うほうがより正確だと思うようになりました。

19世紀以前の人間が愚かだったわけではありません。世界中の人間に聞いてみれば、そして20万年前のホモ・サピエンス出現にさかのぼって人類の意識の歴史を見れば、死後の生や、精神世界への信仰が見られるでしょう。それがあらゆる人間が語ってきたことです。

では、もし愚かなのがニヒリストのほうだったとしたら？　ニヒリストは常に、過去の人間はみな愚かだったと考えています。

そして私はニヒリズムは誤りだと見なしています。ニヒリストは、「生まれる前は自分は存在せず、今生きていて、やがていなくなる」と考えます。これは、無神論という「悪しき宗教」です。語彙としては完全に矛盾していますが、無神論もまた、宗教なのです。

もしニヒリズムが誤りならば、私たちは宗教を論じる必要があります。私は今がそのときだと考えています。パンデミックがきっかけとなり、意識の変化が起きています。宗教のほうから私たちに語りかけているのです。足下から地球が、上から精神世界が私たちに語りかけているような感じです。天と地からの語りかけが始まったのです。

ただ、私自身のことについていえば、以前はキリスト教徒でしたが、今はキリスト教徒ではありません。そもそも哲学者は特定の宗教を持つことができません。もし、特定の宗教を信じたら、哲学者としては終わりです。

さらに、キリスト教には誤っている点がたくさんあります。第一に挙げるべきはイエスが神の子ではないという点です。これは指摘しておくべき重要な点です。イエス自身が自分を神の子と考えていたとも思いません。これは聖書の誤った解釈だと考えています。私がもしキリスト教徒であったら、教会に気に入られないタイプの、かなり異質なキリスト教徒であったことでしょう。ですからキリスト教には関わらないでおきます（笑）。

ただ、キリスト教を徹底的に追究すれば、仏教と共通する核にたどりつくはずだとは思っています。本当に深く掘り下げれば。

近代以前にさかのぼれば、キリスト教と仏教は非常に似通っているといえます。中世の僧が――もし道元が中世イタリアに旅して修道士と出会ったら、両者はきっとほぼあらゆることについて意見が一致しただろうと思います。お互いがどれほど近い存在かを知って驚くはずです。当時の旅は現代と違ってずっと時間がかかりましたから、道元はわざわざイタリアに行こうとは思わなかったわけですが……。しかしもし出会っていたら、彼らは意外によく似ていたでしょう。

そして、もしキリスト教を徹底的に深掘りすれば、一神教の神は意識されなくなるのかもしれません。あるいはそうはならないかもしれない。一神教も多神教も仏教も、それぞれ非常に複雑な構造ですから、なんともいえません。

仏教自体は無神論ではありません。仏教にも神に当たる存在がたくさんいます。無神論的な仏教もあれば、有神論的な仏教もあります。

一方、キリスト教は突き詰めると一神教ではないかもしれません。三位一体の教義がありますし、旧約聖書にはたくさんの神が出てきます。旧約聖書では、後のイスラエルとなる砂漠とエジプトに現れる一神教の神が、他の神々と戦っています。ですから神は他に神々がいないとは言っていません。十戒の一つは「汝は私の他に、何者をも神としてはならない」です。自分以外に神々がいないとは言っていないのです。またイスラム教では真の神は一人だけだと言っています。つまりここでも、他に神がいないとは言っていません。

ところで、私はヒンドゥー教に希望があるかもしれないと思っています。キリスト教と違って、ヒンドゥー教徒は自分たちにとってキリスト教の神は神様の一人にすぎないと言いますよね。この考え方が私は好きです。ムンバイに住んでいる友人の家を訪ねたときに知ったのですが、ヒンドゥー教徒はキリスト教の礼拝にも行くのです。彼らにキリスト教徒の友人が、なぜキリスト教の礼拝に行くのかと聞いたら、だってキリスト教の神様も神様の一人だからねと言っていました。他宗教の神様も抵抗なく受け入れている。それが正しい態度かもしれないと思っています。

◆時間は幻である――ヒンドゥー教の思想

――ヒンドゥー教に関心を持っているとおっしゃっていましたが、ヒンドゥー教において特に重視されているのはどのようなことでしょうか。

私がヒンドゥー教の中で特に重要視しているのは、**生は幻である、特に時間は幻である**という考えです。

私たちは時間の中で生きていますから、時間はきわめてリアルに感じられます。時間は流れていく。どの時点を生きていても、時間は流れています。時間は川のようなもので、私たちはその中を移動しているように思われます。

一方、時間は空間となんらかの相関があります。どういう相関かは、アインシュタインをもってしてもわかっていません。アインシュタインもヒンドゥー教の時間の問題は解決しませんでした。アインシュタインは時間変数 t が四次元において成立すると言いましたが、これは数学的な結果にすぎません。

アインシュタインは時間がそもそも何であるかを知りません。時間変数 t については何でも知っているけれど、時間については何も知らない。だから時間の問題を彼は解決していないのです。そして時間が実在することも示していません。時間が実在しているという仮説は、まだ選択肢の一つなのです。

私が関心を持っているのは、この考えの意識に関する部分です。意識は本質的に時間に関わっています。好むと好まざるとにかかわらず、**時間とは意識の形象**です。

意識が時間を生み出すわけではありません。そうだとすれば意識は時間の前か後に存在することになるからです。もしAがBを生み出すとしたら、通常この二つは違うものでなくてはなりません。それでは意識がどうやって時間を生み出せるでしょうか。ですから時間は意識の形象だと私は考えます。意識がなければ時間は存在しません。しかしひとたび意識を持てば、そこには時間があるのです。

また私は、意識は何の理由もなく宇宙に現れたと考えています。自然が意識を生み、その意識の形象が時間です。自然が意識を時間の中で生み出したのではありません。なぜなら意識以前に時間は存在しないからです。ですから意識以前に時間がどのようであったかを問うことさえも無意味です。時間と意識は同じ形象だからです。そこに外部性はありません。現実は時間の中にあるように見えますが、それは意識の観点からにすぎません。意識を取り去れば時間はなくなります。

では、人間が生まれる前は時間は存在しなかったのか、と思われた方もいるかもしれませんが、そうではありません。人間以外の動物も意識を持っていると私は思っています。意識は人間特有のものではありません。時間は自然史の非常に早い時点で誕生した可能性があります。他の惑星にさえあるかもしれません、私たちには知るよしもありませんが。

ウイルスのレベルでも意識はあるかもしれない。最近のパンデミックを改めて見ると、流行の波の盛衰は意識の一つの形ではないかという気がします。ウイルス一個一個に意識があるとは言いませんが、ウイルスの科単位では意識があるかもしれません。ですからウイルスの攻撃は意識の一つの形なのです。ウイルスの攻撃には確実に知性があると考えます。

近著で私は、「意識は客観的に存在する幻想ではないか」と書いています。「意識が存在するという幻想」ではありません。意識は実在します。しかし意識とは何か。それは客観的に存在する幻想です。

先日亡くなったダニエル・デネット（アメリカの哲学者）は意識は存在しないという見方でした。意識の存在は脳が作り出した幻想だと彼は言いました。私は、「いやいやダン、意識は実在する、ただし実在する幻想なのだ」と言いたいです。

意識とはすべてのものが時間の中にあるという幻想です。しかし意識を取り去れば無時間になります。私たちは数学と物理学と純粋哲学と、おそらくは瞑想という手段で無時間に到達できます。ですから私たちは無時間に到達できる。時間の中にいてさえ私たちは無時間の痕跡を手にするのです。

信じられませんか？　例えば、私たちが久しぶりに出会った友人と、以前行った会話と継続的な会話をしているとき、私たちの会話は時間を超越しています。なぜなら私たちの会話は想念の世界で起きているからです。私たちの関係には時間を超越したところがあります。しかし時々は会うわけで、私たちは時間の中で会うのですが、関係そのものは時間を超越しています。意識は幻想ですが、実在する。客観的に存在している真の幻想なのです。

意識は幻想であることを、ヒンドゥー教徒は完全に正しく理解しているのです。

美術館などに行くと、眠っている人間の上でシヴァ神が踊り、それによって人間に時間の夢を作り出しているという作品を目にします。

ヒンドゥー教徒は正しく理解していると私が思うのは、生が一種の夢であることです。夢とはもちろん幻想を指します。この生は一種の幻想である。幻想を取り去ったらどうなるか。そのとき真の現実が現れます。幻想を取り除けば、ブラフマーなど本当の神々が現れるのです。

意識と時間という幻想の後ろに、かりそめの形象に身をやつした真の現実が姿を現している。だから真の現実と心の中の現実の二元性はないと私は考えています。心の中の現実は真の現実の一部です。要するに、シヴァ神は人間の後ろで踊っていますが、シヴァ神の後ろで踊っているのは誰でしょうか。私たちにはわかりません。ヒンドゥー教にも常にもう一つのレイヤーがあります。

ヒンドゥー教徒の友人たちと一緒に、ムンバイ近郊にあるエレファンタ島を訪れたことがあります。そこにトリムールティ、三神一体の像がありました。西洋人の目には三位一体のように映ります。そのときキリスト教徒の哲学者が同行していて、彼が「おや、三位一体だ！」と言いました。するとヒンドゥー教徒の友人たちが、実は壁の後ろに４柱目の神がいるのですよと教えてくれました。

三神は壁から彫り出されているのですが、ヒンドゥー教徒によれば、４柱目の神がまだ壁の中にいるというのです。それでキリスト教徒の哲学者が「なるほど、４柱いるわけですか」と言いました。４という数字も西洋哲学では重要な数字です。そうしたらヒンドゥー教徒は「いや、５柱目の神もいますが、その神は完全に目に見えないのです」と言いました。こんなふうに、無限のレイヤーがあるようなのです。

これがヒンドゥー教の本質だと私は思っています。そしてヒンドゥー教徒は無限の運命から逃れたいと願っている。ここからは私は見解を異にします。問題は涅槃《ねはん》（ニルヴァーナ）とはどのようなものかです。ヒンドゥー教では、涅槃を無限の輪廻転生から脱する方法として想像しています。無限の現実の一部であるのは恐ろしいことだ、ある幻想が別の幻想の中に組み込まれているだけだからだと考えています。私は本当の解放とは――この点で私はヒンドゥー教よりチベット仏教に考え方が近いのですが――**真の現実の無限の多**

彩さであると考えています。

ヒンドゥー教徒は宇宙論も完璧に理解してきたかもしれません。彼らは宇宙が発生したり消滅したりしているという壮大な宇宙観を持っています。現代の宇宙論でいうビッグバンとビッグクランチ（宇宙の終焉）ですね。そしてヒンドゥー教徒が宇宙を正しく理解しているかもしれないというのは、彼らが宇宙を心と関連付けてきたからです。

ご承知の通り、仏教は同じ思想体系から発祥しました。ヒンドゥー教のほうが古いだけで、仏教も大きな理論体系の中の一部です。仏教・ヒンドゥー教の理論体系に織り込まれた宇宙論、時間論、存在論は極めて重要なものだといえます。

［注］

1　フリードリヒ・シェリング（1775－1854）　ドイツの哲学者。自然全体に「自由の隠された痕跡」を置き、自然を有機的組織と捉える「自然哲学」、存在の根拠を問う「積極哲学」などを展開。

2　『荒野のおおかみ』　ヘルマン・ヘッセによる1927年発表の長編小説。市民的な平凡な毎日を繰り返す生活に疑問を持つ男ハリー・ハラーが、一人の女性に誘われ、「魔術劇場」で夢とも現実ともつかない幻想的な体験をする。

3　唯識思想　3～4世紀のインドで興った大乗思想のひとつ。一切の存在はこころがつくり出した仮のもので、それ以外の事物的存在を否定する。インドではヨーガの実践によって悟りへの到達をめざす修行の思想として広まった。日本には奈良時代に伝来し、南都六宗のひとつ法相宗の宗旨となった（清水寺のホームページより引用）。

4　モーセの十戒　モーセが神から与えられた戒律のこと。1．主が唯一の神であること　2．偶像崇拝の禁止　3．神の名をみだりに唱えてはならないこと　4．安息日の厳守　5．父母を敬うこと　6．殺人の禁止　7．姦淫の禁止　8．盗みの禁止　9．偽証の禁止　10．隣人の財産を貪《むさぼ》らないこと

5　「創世記9章18節－25節」に見える、酒に酔って裸で寝てしまったノアの姿を息子のカナンが偶然見てしまい、父親の裸を見るというタブーを犯したため呪われる、というエピソードを指す。

6

太平洋戦争当時、仏教は以下のように利用された。

・日中戦争や太平洋戦争を「聖戦」として位置づけ布教した

・天皇を崇拝する教義を布教した（皇道仏教）

・朝鮮半島などの植民地に寺院を進出させた

・従軍僧の派遣、戦意発揚を目的とした戦没者慰霊、戦闘機の献納、など

（参考文献：鵜飼秀徳『仏教の大東亜戦争』文春新書）

第3章

Chinese Thought

中国思想との対話

「無」とは何か

1 『老子』

◈『老子』と西洋近代哲学の違い

――仏教に続いて、中国思想について伺います。ガブリエルさんは一時期、中国思想にかなり傾注して研究したことがあったそうですね。特に王弼《おうひつ》（226―249）の『老子注』[1]は熱心に読み込まれたそうですが。

私はハイデルベルク大学のルドルフ・ヴァーグナー教授を通じて『老子注』に触れました。ヴァーグナー先生は一時期、私の指導教官と私と、第1章で述べたエジプト学者のヤン・アスマン氏が参加するセミナーで講義を行いました。

ヤン・アスマン氏は、ユダヤ教が、エジプトで奴隷としてピラミッド建設などに従事していたユダヤ人から発祥したという説を提唱しています。その説によれば、彼らはエジプト人から一神教を継承しました。ヤン・アスマン氏がそれを発見し、エビデンスも十分にあって、今ではかなり受け入れられている説です。ユダヤ教の神は実はエジプトの神なのです。興味深い構図です。

さて、この顔ぶれで行ったセミナーの中で、私たちはこの書を読みました。私にとって目から鱗《うろこ》が落ちる気づきだったのは、老子が無常を説いていることでした。老子はあらゆる秩序、特に政治的秩序の不安定さを説いています。私は今でも『老子』を政治の書として読んでいます。王弼は違います。彼は老子を言語についてのテキストとして読んでいる。「名」に焦点を当てる、老子の基本的な思想です。有名な冒頭の文章は、後で追加されたもので原典ではないと思いますが、「道の道《い》うべきは常の道にあらず」。次の文章が王弼の注釈で重視されているもので、「名の名づく可きは常の名にあらず」[2]。言葉で言い表すことができないもののパラドックスを述べています。

私は『老子』を非常に深い問題を扱っているものとして読みました。私たちが把握する概念は、事物の類似性を捉えたものです。魚という概念は、さまざまな魚の類似性を通じて魚全体を捉えたものです。人間という概念はさまざまな人間の類似性を通じて人間全体を捉えたものです。私たち人間は類似した遺伝子コードを持ち、外見などが似ています。

このように、私たちは概念を通じて対象の類似性を把握するのです。

しかし、概念では捉えられないものがあります。それは**対象の差異**です。概念は類似性は把握できますが、細かい差異は把握できません。

例えば、色を表現する言葉がいくら豊富にあっても、私たちが現実に体験する色すべてに対応しきれません。ひと口に黄色いシャツと言っても、黄色にはさまざまな色合いがあります。光の当たり方や生地表面の起伏によっても違って見える。単一の色ではありません。どんなに言葉をつくっても、すべての黄色に対応させることはできません。現実は名づけを超えているのです。

すなわち、老子は「現実はたえず変化している」と言ったのです。「魚」や「黄色」といったアイデンティティは安定したもので、揺るぎません。近年の哲学が言うように、アイデンティティは必要です。しかし差異の部分はたえず変化している。

『老子』において私が驚嘆したのは、無常との関係でした。西洋哲学は同一性（identical）に関心を寄せます。中心的な用語はアイデンティティ（identity）です。ところが東洋哲学がテーマとするのはアイデンティティではない部分（non-identity）です。**東洋哲学の関心の対象は流転です。**概念には関心がない。その移り変わりに関心を向けています。概念としての「黄色」の概念ではなく、さまざまな黄色に関心があるのです。

次のステップとして、政治における実践に『老子』の思想を当てはめてみると、アイデンティティの政治ではなく差異の政治になります。老子思想が優れているのはこのためです。『老子』は優れた政治思想だと私は考えています。

◆「無」とは体験である

——以前、東京大学の中島隆博教授と、王弼の「忘言」(「取り消された言語」「忘れられた言語」)についてディスカッションをされています。王弼の「忘言」「無」の概念について、あなたはどう捉えているか教えてください。

中島先生との共著『全体主義の克服』(集英社新書)から、該当する中島先生のご発言を引用してみます。

王弼によれば、言語は単なる手段であり、「意(思っていること)」を表現できれば言語の役割は終わります。しかし、言語は間違って使われたり、誤解されたりしますね。

純粋な「意」のために、いかにしてそのような誤解や誤用を避ければよいのか。

王弼はこう考えます。そうした事が起きないように、新しいタイプの言語を発明しよう。それはある種の「取り消された言語」です。王弼は「忘言」つまり「忘れられた言語」という言い方をしています。


この「忘言」という概念が目指しているのは、**言葉と対象の二元論を克服する**ことだと思います。対象が流転し、言葉が定常的であるならば、両者の関係とは何でしょうか。「忘言」は流転について語ることを可能にする言語になるでしょう。

さて、昨日私は築地《つきじ》という言葉の意味を教わりました。「埋め立て地」という意味だそうですね。築地の面白さはお寺（築地本願寺）と市場や寿司屋が共存しているところです。では寿司とは何か。これこそまさに「忘言」の実践ではないでしょうか。なぜなら魚という概念があって、現実にはさまざまな魚がいます。寿司は不変の概念と変化するものの両方を体現している。上に載せる魚はいろいろに変化しますが、シャリは不変です。そして米は日本のアイデンティティの印として重要なものですね。

そういえば昨日、私は稲作という観点から日本社会をうまく説明した話を聞きました。

稲作文化で育った人は決まりに従うのが得意です。なぜなら狩猟文化に比べて四季のサイクルに適応しなければならないからです。ならば、日本人の体制順応性は米のせいかもしれないという仮説を語ってくれました。興味深いですね。それはともかく、話を戻しましょう。

寿司はまさに「忘言」ではないでしょうか。はっきり限定された概念と、無限の差異のある対象が共存している。寿司は一つひとつ味がまったく異なります。寿司の味が差異、シャリの上にネタを載せて出すというプレゼンテーションがアイデンティティです。その意味で、日本食には「忘言」に通ずるものがあります。

さらに、中島先生とは「無」の概念についてもディスカッションを行いました。そこで私が述べたことを、引用しましょう。

　中国哲学には「万物」という観念があり、その万物がそこから生じてくる底（Grund）そのものは物ではないと考えていると。この「無物」が、わたしの読解では「無」であって、それが存在する物すべての背景となっています。（『全体主義の克服』）

このときの議論をさらに進めると、**私が解釈する無とは、時間の非実在性です**。単に時間は存在しないと考えるのではなく——それはあくまで思想です——もし時間の非実在性を体験するとしたらどうでしょうか。そうしたら、時間の非実在性は現実であるということになります。

私は日本人の「無」は体験だと思っています。単に何もないことではありません。無は黒ではない。色彩の幅が想定できることです。ピンク、ピンクがかった白、さらに緋色《ひいろ》があるのは、すばらしいことではないでしょうか。色彩に白から緋色までの幅がある。白と赤といえば日本の国旗と同じですね。日本の国旗は、日本の本質が白から緋色までの色彩の幅であると伝えているとも解釈できます。

桜はそんな色彩の幅を表現しています。そしてこの幅のある色彩は緑の上に育つ文化です。日本は非常に緑豊かな地でもあります。しかし日本を表すのは緑ではない。緑は背景のようなもの。日本文化の前面にあるのは、白から緋色まで変化する色彩です。それが「無」になります。「無」とは白から緋色までの無限の色彩の変化なのでしょう。非常に色彩豊かな無であることがわかります。

チベットの shunyata（サンスクリット語で空《くう》）は非常にカラフルです。色があふれている。それに対して日本の無は非常に抑制の利いた感性です。氷も含まれていますね。日本には冬がありますから。富士山の冠雪なども白に表現されていると思います。私にとってはこの色彩の配合が無です。

それは「体験」でもあります。日本にいることの、多様な層をなした体験です。これが私の「無」の読み解きです。「無」は、非常に中身が詰まっているのです。

一方で、「無」は、本当に何もないことを示す概念として捉えられることもあります。ドイツ語の「un」と似ている。ドイツ語では無を「un」で表します。

偶然にも言語のつくりとして、日本語とドイツ語が逆になっているのが私はとても気に入っています。日本語の助詞の「に（ni）」、例えば「東京〝に〟行きます」の「に」という助詞はドイツ語では英語と同じく「in」です。nとiが日本語と逆になっています。「に」は「in」ととても近いのです。同じように、「無（mu）」はドイツ語の「un」にとても近いと私は感じます。ドイツ語では、何かを否定する場合、否定したいものの前に「un」をつけます。日本語で「無」をつけるように、何かがまずあって、それを「無・何々」にする。ドイツ語でも同じなのです。英語では「in」が同じ働きをします。例えばラテン語に由来する「infinity（無限）」がそうです。

私が解釈する「無（mu）」は単なる否定、絶対的な否定ではありません――単なる否定なら何もないこと（nothingness）になるでしょう――そうではなく、ドイツの哲学者、観念論者が「限定的な否定」と呼んだものです。何かを取り上げ、そこから何かを取り去る。それは純粋な否定とはまったく異なります。現実を、その別のものではないという観点から捉えるわけです。私はあなたではない、それは私が何物でもないという意味ではありません。私はこのペンでもない、しかしそれは私が何物でもないという意味ではありません。

私は「無」とは実体同士の関係、そこにある物同士の相対的な関係だと考えています。すべてがあるところが無の魅力なのです。

「無」は多様なものの集合の中にみずからを表します。物の無限性が「無」です。「un」のついた何々ではないけれど、何かではあるのです。ですから「無」は何もないことではありません。私は「無」をそのように解釈しています。

さきほど述べたピンクは、いわば最も濃密な色です。ポストモダニティのキッチュな色です。ピンクから緋色まで取り入れる、任天堂のカラースキーム（配色の計画）は「無」

です。このカラースキームに基づくことで、仮想現実を生み出せるのです。

もちろん「無」との関わり方は他にもあります。もっと高次の洞察もある。その高次の洞察には色がありません。「無」に対する最高次元の洞察は無色です。しかし現実自体のカラースキームは「無」の表れだと私は考えています。そうでなければ「無」と「存在」の二元論になりますが、それは真実ではありえません。

◆『老子』は待つことの重要性を説いている

私の考えでは、老子は中国の最も重要な思想家です。私は孔子よりも彼をずっと評価しています。

中国思想のうち、どれか一つを選んで学びなさいと言われたら、基本的には儒教か道教かが主な選択肢になりますよね。他にも偉大な思想はありますが、最も代表的なのは道教と儒教です。

その二つから一つ選ぶとすれば、私にとって選ぶべきは道教です。後述しますが、老子が最も重要な中国思想家であると私が考えるのは、水の流れ、流転を理解しているからです。孔子は規範主義者にすぎないと私は解釈しています。彼は規範によって社会を安定させようとしている。老子は真実によって社会を安定させようとしている。これが大きな違いです。

孔子は権力の理論家であり、権力を肯定している。しかし老子は権力を抑えようとする。権力が避けられないものであることは認識していますが、権力は流動的にしておくのが望ましいとしている。これが孔子と老子の思想についての私のおおまかな評価です。私は老子に賛成です。

老子は権力についてよく知っています。『老子』第三章に「聖人の、行動のない活動をとおして、すべてのことがうまく規制されるのである」という文言がありますが、老子思想の要点は待つことです。

タオイスト（老子思想、道教の実践家）は待つことの効用を知っている。待つことが上手であれば、待っていても無為を気に病むことはありません。待つとは単に何もしないことではありません。**待つことはスキルです。忍耐です。**真のタオイストは、本当に安定した持続可能な権力は、行動しないタイミングを知ることにあると理解している。だから権力闘争にもうまく勝てる。

権力闘争において、敵を倒すのは、上手な勝ち方ではありません。そんなことをすれば敵が増えますから。別の場所でさらなる暴力を誘発するだけだからです。

今思えば、タリバンもじっと待っていました。西側は結局、アフガニスタンで完全に敗北しました。今はタリバンが支配しています。フェミニズムも何もかも失われました。誰もどうすることもできない。ではタリバンは何をしたのか。山にこもって待っていたのです。彼らも待ち方を知っていました。

中国も待っています。ウクライナ情勢を見守っている。今は台湾を取る気はない。彼らは愚かではありません。台湾が欲しいわけですらない。しかし奪取するかもしれない。中国にとっては、台湾侵攻があるかもしれないと思わせておくのが重要なのです。

台湾侵攻は実行するよりもしないほうがいい。もし中国が実際に台湾に侵攻したとしたら、それは私たちの側がこのゲームでミスを犯したことを意味します。攻撃しても自分たちの得にはならないことを中国は知っています。

ドイツにも「無為」に当たる言葉があります。アンゲラ・メルケルの政治を形容していつも使われる言葉ですが、始まりは先々代のヘルムート・コールです。この二人と、コンラート・アデナウアーですね。

ドイツには約16年、４期在任した首相が３人います。メルケルはその中で最も安定した政権でした。また、彼女は5期目に再出馬を目指さなかった最初の首相です。辞職したわけではなく、後任に譲って自分は退くと宣言しました。戦後ドイツの歴史では初めてのことでした。首相職を16年やりきったのです。これをドイツ語で「lange sitzen」といいます。長居するという意味です。最後までいる、ただ座っている。これが「無為」です。彼女はタオイストだったといえます。

メルケルが自分の意志で自発的に行動を起こしたことはほぼありませんでした。もっとも、2015年の移民受け入れの決断は明らかに彼女の意志です。最近出た自伝でもそのことを一貫して強調していました。しかしこれ以外は、自分の意志で行動していません――彼女は誰よりも理性の人でした。これは、アンゲラ・メルケルが私の知る限り最も見事なフェミニストであるという意味でも重要です。女性とは理性的な性であることを彼女は示したからです。彼女はミソジニスト（女性蔑視者）の先入観を覆しました。

ミソジニストは女性は理性的になれない、感情で動くと考えています。アンゲラ・メルケルは自分の感情では絶対に動きません。だからこそ彼女は誰よりも一枚うわ手だったのです。

アンゲラ・メルケルは発言する、しないのバランスのとり方をわかっていました。メルケル退陣後のドイツ首相オラフ・ショルツはただ何も言わないだけ。それではだめです。メルケルは批判の嵐は待っていれば過ぎ去るとわかっていた。炎上騒ぎに反応してはいけません。炎上はいずれおさまる。

ただし、中傷レベルの批判を一蹴するような発言をすべきタイミングはわかっている必要があります。それによって議論を変えるのです。メルケルはそのタイミングを押さえていました。

一般的に、危機的な状況で行動を起こす決断を迫られた際には、冷静に行動するのがベストだと思います。何らかの行動は起こさなければなりませんが、冷静に行動するのです。午前3時に酔っ払った状態でメールに返信するのがまずいことは誰でも知っています。必ずミスをします。これは「無為」とは正反対です。

「無為」は達人、知者、賢人のようになることです。道教の賢人とはルールをわかっている人のこと――午前3時に酔っ払ってメールしない、相手を完全につぶせるわけでもないのに上司を侮辱しない。今まで生きてきて蓄えた、こうした賢明な知見を思い浮かべてください。それをあなたはすべて身につけていて、待ち方を知っているとしましょう。これが「無為」です。

◆最上の善は「水」

私は今回の来日直前に、サマースクールで1週間、主にアメリカの哲学者たちと一緒に、最上の善についての講義を行ってきました。最上の善という概念は、倫理資本主義[3]について私が言っていることすべての原動力となる、核にある概念です。

老子も、最上の善について語っていますね。『老子』第八章で、「最上の善とは水のようなものだ。水のよさは、あらゆる生物に恵みを施し、しかもそれ自身は争わず、それでいて、すべての人がさげすむ場所に満足していることにある。奥深い考えを好み、秩序だった政治を良しとする」と述べています。

私がサマースクールで1週間ずっと言い続けていたのも、「水」という日本の強みについてでした。日本が資本主義にあれだけ成功した理由、いや今も非常に成功している理由は、水の豊かさだと私は説きました。日本は「清水」、きれいな湧き水に恵まれた国でしょう？　日本は水の国だと私は考えています。

そして、まさに『老子』が言うように、最上の善とは水のようなものです。もちろん第八章にそのことは詳しく書かれています。どこにでも入り込み、あらゆるものの一部になります。コンクリートにも水が含まれています。水の接合力がなければ建築物は作れません。その一方で、水は一度の津波で建築物を崩壊させてしまうこともできる。このように水は変幻自在な分子なのです。

また、水は物理学の非常に重要な概念です。量子力学が唯一、完全に分析できるのは、水素分子です。完全に分解される分子として量子物理学の学生が必ず学ぶのは水です。

そして、すべては流転します。「孔子より老子のほうを高く評価している」と言ったときに私が言いたかったのはこのことです。水が宇宙の本質です。そもそも宇宙が認識可能なのは水のおかげなのです。

2　『荘子』

◆時間と空間を超える思考

――つづいて、『荘子』を読んでみましょう。

『荘子』「逍遥遊篇《しょうようゆうへん》」に、「列子は風を操って虚空を飛行し、さわやかにも巧みなもの、十五日経ってやっと戻ってくる。足で歩く煩わしさから解放されてはいるけれども、まだ何かに依存して生きている者である。森羅万象を気の変化において操って、時空を越えた無限の宇宙に遊ぶ、という者になると、彼は一体何に依存するであろうか」[4]という文言があります。「時と空間を超える」という大きなスケール、途方もない想像力が印象的な節ですが、あなたは何を想起しますか。

壮大なスケールですが、私は人間の思考、心は時空を超えると思っています。今この対話をしている私たちは、時間と空間を超えていると思います。そう見えないだけです。私たちはあたかも今、東京のこの空間にいるように見えている。見た目はそうです。それは否定しません。しかし私たち思想家は、ここにはいません。

手始めに、ごく単純な主張をしましょう。昨日私はあなたがたと別の場所、築地にいましたね。築地にいた人間が、今ここにいるのと同じ人間なら、その人間は「時間」と「場所」の中にいることはありえない。時間＝場所と考えない限りは。

次に、「時間」。時間＝場所ではないとすれば、昨日築地にいた人間は私たちとは別人か、さもなくば私たちです。昨日築地にいた私たちは同じ人間だと私は考えます。そして築地も昨日と今日では別の築地ですから、私たちは「(今日ではなく) 昨日の築地にいた」のです。ですから、もし私たちが再び同じ場所に行って同じ人間であることが可能なら、時間＝場所ではありえません。それはつまり、私たちが時空を超越しているということです。ですから思考は時空を超越するのです。

別の例を挙げてみましょう。ボールペン1本と別のボールペン1本を合わせると、1＋1＝2、二つの客体です。マグカップ1個とビスケット1個も1＋1＝2、やはり二つです。しかし後者の二つの客体がまったく異なるのは見ればわかるでしょう。

1＋1＝2と考えるとき、私たちは客体を抽象化できるのです。ごく単純な数学によって、時間と無空間が説明できます。数学は時間と空間の外に出る最高の方法の一つです。とても単純にそれができるのです。

私たちが経験する時間、すなわち時間の経過、私たちがつかまえることのできない「無」は、時間と空間の外からやってきます。空間を動かすものは時空の外にある。それが私たちです。人間の行為者性は時空の外にある。しかしそれは立ち現れてくる。真の賢者はそれを知っているだけでなく、時空の存在しないところで行為するすべを知っている。それが今引用された節でいう「気の変化」です。

時間が存在しないところで変化を起こすことができる。それは概念です。もし概念を変化させれば——それがまさに今起きていることだと思っています。**私たち人間が目撃している大きな変化は概念の変化です。**誰かが考え方を変えた。考え方を変えれば何もかも変わるのです。

◆荘子、井筒俊彦、デリダ

——同じく『荘子』「逍遥遊篇」に、下記のような内容の節があります。

「恵子が荘子に向かって、『私の所に大木があって、人々はこれを樗《ちょ》と呼んでいる。太い根本は節くれ立って墨縄の当てようがなく、小枝はかがまってコンパス・定規にかからない。大きいばかりで役に立たない』と述べた」

「これに対して荘子は、『ならば、果てしなく広がる荒野にこれを植えて、そのかたわらでぶらぶらと無為に過ごし、その下でゆうゆうと昼寝でもされてはどうだろう。木が斧で伐《き》られることもないだろう』と述べた」

言語学者、イスラーム研究者の井筒俊彦氏[5]は、「果てしなく広がる荒野」は、人間が言語によって「意味」を付与し、分節される以前の、存在の根源的なありようを指すと述べているそうです。このような解釈についてどう思われますか。

井筒氏も考え方が変化したときに、時空を超えたところにいたのでしょうね。フランス人哲学者ジャック・デリダに「Lettre à un ami japonais（日本人の友への手紙）」という有名なテキストがあります。私は初めて来日したときに、その「日本人の友人」が井筒氏であったと知りました。

先ほど私は、概念の世界で人が変化を起こすという話をしました。それこそがまさに哲学運動です。井筒氏は、その哲学運動の中にいたのです。

井筒氏は、この節にきわめて重要な解説をつけています。この解説は、新実在論にもつながるものです。なぜなら、後に今世紀に入ってから、新実在論の重要人物であるフランス人哲学者カンタン・メイヤスーが「祖先以前的領域」（人間が現れる前の「世界」）について語り始めたからです。また、現代フランスのエコロジー思想においては、原生自然をめぐって大きな論争があります。

しかしこのテキストを見れば、『荘子』でも祖先以前の思想が語られていますね。この果てしない荒野は、西洋思想で私たちが desert（荒野）と呼んでいるもの――再び聖書を引用してもよいかもしれません――、あるいは無限なるものです。非常に深い論点だと思います。

これに一つ重要な視点を加えたいと思います。荘子が言っているのは、すべては尺度に依存しているということです。木が大木であるのは、それがおさまるだけの十分な空間がないという文脈においてでしかありません。別の文脈であったらその木自体が大きすぎることはありません。ある特定の文脈において「大きすぎる」ことが成立するのです。別の文脈であったら、同じ木が「小さな木」になることもあるでしょう。

さて、これは、これまで私が思考を重ねてきたことですので、井筒氏や荘子よりも掘り下げてみましょう。おそらく荘子は次の話をわかってくれるのではないかと思います。

電子などの素粒子は極小です。電子と比較すると、宇宙、惑星、銀河は非常に大きく見えます。しかしそれはあくまで人間の視点からの真実であるにすぎません。人間の視点から見ると電子は小さく銀河は大きい。しかし銀河それ自体が大きいわけでも、電子それ自体が小さいわけでもありません。だからよく、原子核と原子の相対的な大きさを、豆粒と野球場に喩《たと》えた比較がされるわけです。原子を自分の尺度にしても原子核を見つけるのは非常に困難でしょう。このように、尺度を変えると現象の性質が変わるのです。

私たちには「果てしない荒野」という概念があり、この概念が尺度になる、としましょう。それはすなわち現実そのものです。**物事を大小で比較する尺度を捨てると想像してください。するとあなたは果てしない荒野にいる。荘子は私たちがただ果てしない荒野にいるのだ、と言っているのかもしれないと思います。**大小の相関関係が重要だと考えるのは幻想なのです。

この視点もまた大きな結果をもたらし、経済の話に戻すと、日本のような相対的に小さな国が、なぜ今なお世界第4位の経済大国でいられるのか、あるいはなぜインドネシアが台頭できるのか、といった質問に答えを出せます。なぜ日本はインドを上回っているのか。なぜなら、行為は規模に依存しないからです。でなければロシアが世界1位の経済大国になるはずです。

◆道徳や倫理こそ、事実に至るための道

――前節で取り上げた価値の相対化について、『荘子』はさらに次のように述べています。「是と非という価値をなくすと、そこには価値なき世界、彼《あれ》と是《これ》の区別だけを認める事実の世界が切り開かれる」(「斉物論篇《せいぶつろんへん》」)。この考え方については、どのように思われますでしょうか。

私は、これについては異論があります。「**道徳的事実**」という概念を持っているからです。

是と非という価値をなくすと、私たちには事実が見えなくなります。是と非という価値判断が、私たちが事実に至るための方法だと私は考えています。

道徳や倫理は事実に反するものではありません。それが事実に至るための私たちの道なのです。これがなければ私たちには事実が見えません。価値から自由な純粋なレベルの事実などというものはありません。現実はさまざまな価値を帯びていると私は考えています。ちょうどさまざまな色を帯びているように。私たちは価値なき世界に到達することはできないのです。

とはいえもちろん、私たちが善と考えるものと、善であるものには、厳密には違いがあることを理解する必要があります。私があるものを善だと考えたからといって、それが善であることにはなりません。表面的な判断よりも深いところにある事実は存在します。しかし道徳的事実という私の考えは、仮に人間の価値観を取り去ってもなお価値は存在するという私の信念です。人間の善は理想的には客観的な善と重なります。

◆「胡蝶の夢」をどう理解するか

――『荘子』といえば、最も有名なのは「胡蝶の夢」ですね。

「かつて荘周は、夢の中で胡蝶となった。ひらひらと舞う胡蝶であった。己の心にぴたりと適うのに満足しきって、荘周であることを忘れていた。ふっと目が覚めた。荘周が夢見て胡蝶となったのか、それとも胡蝶が夢見て荘周となったのか、真実のほどはわからない。だからと言って、荘周と胡蝶は同じものではない、両者の間にはきっと違いがある。物化（ある物が他の物へと転生すること）とは、これを言うのである」

この一節は、自我というものの不確かさを語っているのではないかと考えます。このエピソードが、「自己とは何か」を考えるうえで、何らかのヒントになるでしょうか。

私は荘周なのかそれとも蝶なのか。この問いが実際に成立するならば——成立するように思われます——私、あるいは私という概念、自己という概念は、この身体と同一ではないといいえます。なぜなら私は蝶になりうるからです。

多くの哲学者はこれを否定して、「いや違う、私はこれである。私は蝶ではない」と言いたがります。私は私か、あるいは蝶である。私が荘周なら、私は自分が蝶になった夢を見ているのだ。私が蝶なら、私は自分が荘周になった夢を見ている。それだけだ。哲学者がそう言うときに言わんとしているのは、「アイデンティティは必然である」ということです。

しかしほとんどの人間は同意しない。ほとんどの人間はこの思考実験を楽々と完全に理解します。

私はアイデンティティについて、娘たちと長々と議論してきました。９歳の娘はいまだに受け入れていません。もし私の妻が別の女性で、その人との間に生物学的な娘をもうけていたとしても、自分は私の娘だったはずだと思っています。生物学的な娘といってもジェンダー論の話ではなく、私と血のつながった娘という意味ですよ。娘はそれでも自分は私の娘であるはずだ、見た目は違っても、と考えています。私はそれは違う、この娘は別人であるはずだ、君ではないよと言います。

娘は「いいや、私だ。見た目も違うしママも違うだろうけど」と言います。私は「いいやそれは間違っている。それは別人だ」と言うのですが、娘を説得できません。娘は頑として譲らない。精子と卵子や遺伝子コードや染色体などの仕組みを説明して違うと言っても、まったく納得しない。「私がパパの娘のはずだ」といまだに考えています。

５歳の娘とは、彼女が私だったらという設定でアイデンティティについての議論をします。例えば、「私がパパだったら私にはおちんちんがついているね」と言います。娘はいつだったかそんなことを言いました。それで、私は同じ主張をしたわけです。「だとしたらそれは君じゃないよ。君は私であるはずだ。それは君じゃないよ」と。すると娘は「違うよ、それでも私だよ。おちんちんがついてるだけだ」と言います。私は「それは君じゃないんだよ」と言いました。これも論点はジェンダーではありませんよ。喩えの話です。

するとと娘は「ふーん、そう」と言いましたが、それでもなお受け入れず、「いいや、私はパパになれるよ」と言いました。そこで私は「もし君が私だったら何をする？」と聞きました。娘には自分がパパだったらやりたいことがあるのだろうと思ったのです。すると「娘に携帯電話を買ってあげるの」と言いました（笑）。娘には携帯電話を与えていませんのでね。なかなかいい計画じゃないですか？　この答えにアイデンティティのすべてが表れています。自分に携帯電話を買ってあげるために私はあなたになりたい。それがこの問題です。

現代の哲学者たちが「つじつまが合わない」と示そうとしてきたにもかかわらず、私たちみんながこの思考実験を理解しているのだとすれば、それはつじつまが合わないわけではないのだと私は思います。しかしそれは、自己が無か、さもなくば一つの点であるという意味です。私は一つの点であると考えています。そう考えると——ようやくこの話になりましたが——この一点がなければ輪廻はできません。

ところで私の娘は二人とも輪廻を信じています。親の私たちが娘たちに何か教えたわけではありません。娘たちには、業、転生、永遠の魂などといった、宗教的な考え方は何も教えていません。しかし、二人とも自分から、自然な信念として輪廻を信じているのです。

3　『論語』の黄金律

――先ほど、ガブリエルさんは孔子をあまり高く評価していないとおっしゃいましたが……。

孔子について私が憂慮しているのは、彼の根本思想が「社会とは規範の集まりにすぎない」というものだと思われる点です。孔子は私たちに規範を受け入れることを求めている。孔子は変化を理解するのが苦手だったのではないかと私は考えています。私たちが変化に対応するために仰ぐべき人は老子です。孔子は社会を規制したがる。

孔子自身は全体主義者ではないものの、間接的な全体主義の生みの親であると私は考えています。もちろんそれは彼の意図するところではありませんでした。『論語』に政治哲学はあまり書かれていないと思いますが、彼は現状の安定化を志向しすぎていると私は考えています。他の教えを見れば私の意見は訂正されるかもしれません。私は道教に与《くみ》しているので孔子に非常にネガティブな偏見があるのです。

ですが、『論語』の中には本当にすばらしい教えがあるのもたしかなことです。まず第一に、「己の欲せざる所は人に施すこと勿《なか》れ」（自分の望まないことは人にしむけないこと）。これは最も優れた道徳思想の一つでしょう。孔子は倫理体系には原則、一種のアルゴリズム（問題解決の手順）があると考えた最初の人物でした。複数の似たような問題にこの教えで答えている。私はこれは黄金律だと考えていますし、すばらしい解釈がいくつもあります。

哲学者トマス・ネーゲルに『利他主義の可能性』（蔵田伸雄監訳、勁草書房）という著書がありますが、ネーゲルは「道徳の基本は自分が他者の立場になれる能力である」と論じてきました。黄金律で孔子が発見したのはそれだと私は思います。

自分は他者になれる。先の話で言えば、もし私が蝶になれるなら、私は他者になれる。自分が他人からしてほしくないことは他人にしないこと、これは優れたルールです。しかしそうなると、私の娘が提示した問題が出てきます。つまり、他者に自分が望むことをさせるのはどうなのか。

「相手に○○するな」はわかりますが、「相手に○○せよ」という積極型のほうはどうか。積極型は、自分が相手にしてほしいことを相手にしなさい、となる。これはうまくいきません。他者の自由を損なうからです。消極型ならうまくいくが、積極型はうまくいかない。

恕《じょ》（思いやり）の考えは完全に理解できます。しかし仮に私があなたから10万円もらいたいから、あなたに10万円あげると想像してください。おかしいとわかるでしょう。私があなたに10万円あげて、あなたが私に10万円くれる。意味がありません。積極型はうまくいかないのです。

次にこの一節。「過ちて改めざる、是れを過ちと謂《い》う（過ちをしても改めない、これを本当の過ちというのだ）」。一種の自由民主主義、トライアル＆エラーの考え方ですね。孔子はこの教えにおいてトライアル＆エラーを発見している。歴史的文脈を見れば、孔丘（孔子の名前。孔子は「孔先生」という意味の尊称）が自力でトライアル＆エラーを発見した事実そのものに脱帽です。たしかに、私たちは自分の過ちから十分に学びません。

生態系の危機を例に挙げましょう。私たちが地球を破壊していることはわかっています。わかりきっている。ところが私たちは過ちを繰り返している。孔丘の教えの通り、過ちを改めるか、ＧＤＰをとるか、私たちは選択を迫られています。

もはやGDPを擁護する人はいません。私は一人も会ったことがない。私は数多くの傑出した経済学者に会いました。一流の経済学者で「いやGDP優先だ、GDPを批判する愚か者にはGDPの重要性がわかっていない」と言う人に会ったことがありません。もうそんなことを言う人は誰もいない。ところが各国政府はそれがわかっていませんね。私たちの政府は孔丘のこの教えのレベルに達していないのです。

「過ちて改めざる、是れを過ちと謂う」は、世界中の政府に伝えるべき規範だと思います。

[注]

1　『老子注』　王弼が著した『老子』の注釈。

2　「道の道《い》うべきは常の道にあらず」「名の名づく可きは常の名にあらず」　「『道』が語りうるものであれば、それは不変の『道』ではない。『名』が名づけうるものであれば、それは不変の『名』ではない」と解釈される（小川環樹訳注『老子』中公文庫より。以下、本書に掲載した『老子』の訳文は同書に基づいており、適宜編集・改変している）。

3　倫理資本主義　ガブリエル氏が提唱する望ましい資本主義の形。「倫理と資本主義を融合すること、道徳的に正しい行動から利益を得ることは可能であり、またそうすべきである。資本主義のプラットフォームは人間性を向上させるため、道徳的進歩を遂げるために活用できる」という考え方（参考：マルクス・ガブリエル著、斎藤幸平監修、土方奈美訳『倫理資本主義の時代』ハヤカワ新書）。

4　池田知久訳『荘子（上・下）』（講談社学術文庫）。以降、本書での『荘子』の訳文は同書に基づき、適宜編集・改変している。

5　井筒俊彦（1914－1993）　言語学者、東洋哲学者、イスラーム研究者。1941年、27歳で『アラビア思想史』を発表し、高い評価を受ける。1956年に『言語と呪術（Language and Magic）』を英文で発表、以来多くの作品を外国語で執筆。主著に『イスラーム文化』『意味の構造』など。

第4章

Japanese Philosophy

日本哲学との対話

西田幾多郎への批判

◆「純粋経験」の問題点

――次に、日本哲学について取り上げたいと思います。日本の哲学者、西田幾多郎《きたろう》は、主著『善の研究』の中で、「実在とはただ我々の意識現象即ち直接経験の事実あるのみである」と述べ、確かに存在しているといえるのは「経験」のみだとしました。この直接経験は、いわゆる純粋経験と呼ばれるもので、例えば音楽を聴くときに、「音楽」という「聴かれる」対象と、「聴く」対象が分かれる前の主客未分の状態、「なんという曲か」といった判断がなされていない状態のことを指すようです。確かに実在すると言えるのは経験であるという、デカルトとも異なるこの捉え方について、どのように思いますか。

私は、西田は経験については正しいことを言っていると考えます。経験についてはまったく正しい。私と大きく違う点は、私が新実在論者で西田がそうではないこと。なぜなら彼は経験に関して実在論者ではないからです。

西田には観念論の問題があります。現代のヨーロッパにおける実在論の議論には、相関主義と呼ばれる言葉があります。先ほどの一節にあるのは相関主義です。相関主義とは、「経験から独立している客体を理解することはできない」という考え方です。主体と客体は相関しているのです。

相関とは関係のことで、哲学では大文字の「R」を使います。「R」が関係のシンボルです。個別の関係を表す場合は小文字を使います。

相関は、「メアリーはジョンを愛している」でも「ネコがマットの上にいる」でも「東京は京都より大きい」でもかまいません。その二者は何でもよい。もちろん関係者の数がもっと多い関係もあります。三者間の関係でもいい。ピーターがジョンを説得してメアリーを殺させた。これは三者間の関係ですよね。

もし経験が主体と客体の相関関係だとしたら──西田はそう言っていますが──それは純粋経験という形態です。主体が客体と関係している。そういう形態です。

しかしここに問題があります。西田はそれをどうやって知るのか。西田が純粋経験というものが存在すると知っているとするなら、最も純粋な経験とはすなわち彼の客体です。そのことが、西田が知っていることです。彼は純粋経験を経験する。しかしそれは純粋経験ではありません。純粋経験というものが存在するとしても、それを知ることはできないのです。西田が純粋経験を経験するとき、彼が経験しているのは純粋経験ではなく、別の何かを経験しているのです。わかりますか？　この問題はいまだ解決されていません。

つまり、何かが純粋経験であることを知るすべがないのです。

さらに困ったことに、純粋経験は存在すると言えないのです。純粋経験が主体と客体の相関であるなら、客体が存在するわけです。しかし客体は関係から独立している。これが証明です。

ちょうど今、私はインタビュアーである大野さんを経験している。私が目を逸らしても大野さんはここにいるわけですから、大野さんは私の経験とは独立して存在する。私は大野さんを、私の経験とは独立した存在として経験しているのです。ですから経験の客体がその経験の中にしかないというのも誤りです。どちらも誤りなのです。

しかし西田に共感する部分もあります。これが現実であること、私たちがそれを知りうることを彼は受け入れるべきだ、と私は考えます。これが存在することを彼は受け入れればいいのです。これが存在することを彼は受け入れていません。「これ」とは思考です。**思考は純粋経験を捉えることができる。**西田は、思考は純粋経験を捉えることができないと考えたのかもしれませんが、そうすると純粋経験を経験することはできなくなります。

だから解決法は、彼が純粋経験と呼んだものを私たちは思考することができる、ということでなければなりません。それは比較的容易です。

するると、西田における「いかにして現実を純粋な形で経験するか」という謎はすべて消えます。ですから……そこが違いです。

◆デカルトよりも西田が優れていた点

ただし、客体を自我に持ち込んだ点は、自我が自分の実在であるとしたデカルトよりも優れた考え方です。

デカルトは客体一般、なかでも物理的な客体、例えば月とか自分の身体のように世界の中の明らかに見てわかる客体は、心の外にあるという間違った考え方をしています。そして自分の心の外部である世界の中の客体が、自分の心の中に入ってこなければならないと考えている。

しかしデカルトが考える通りに、心と客体が別々に分類され、それぞれで完結したものである、心と身体と同様に明確に別物であるとしたら、これらの客体が心に入ってこられるわけがありません。そこでデカルトの考え方では、客体が脳に入るしかありません。脳もまた一つの客体だからです。

そうすればもちろん、この客体がどうやって私の脳に入るのかは簡単に理解できます。光子が客体にぶつかり、その後私の神経にぶつかる――デカルトは光子を知りませんでしたが、光については知識がありました。客体に反射した光が脳に入って何かが起こる。しかしデカルトは脳がどうやって理解するのかを知らなかったはずです。そして心は脳についてどうやって理解するのでしょうか。脳もまた一つの客体なのに。

光が脳にぶつかるという事実は、光が客体同士の間にあるということでしかありません。光は私のコップと私の iPhone の間を行き来しますが、それはコップが iPhone を知覚することを意味しません。脳と客体の関係がコップと iPhone の関係と同じだとしたら、デカルトには説明ができないのです。デカルトはこれを一段階押し広げて、心が何らかの方法で脳に介入すると考えていますが、その方法を彼は知りません。しかしこのデカルトの見解を、ほとんどの神経科学者が信じています。ゆえにデカルトは近代認知科学の起源と言われていますが、それは似非《えせ》科学であると私は考えています。

西田の話に移りましょう。西田はこれに関して、特に彼が依拠するドイツ人哲学者フィヒテ[1]の伝統にのっとって理解していますが、そこから独立した考えも持っています。西田の見方は、「見ることには、見る客体も含まれている」というものです。見るという心の行為、私が見るとき私の心が行うことには客体が関与している、だから見るとは関係である、私と客体という少なくとも二つの部分からなる、客観的に存在する関係なのです。

　見ることが私と客体の関係であるなら、客体がどうやってその関係に入るのかは問題ではありません。その関係は私の脳内にあるのではないからです。私の脳はその関係の一部でしかないのです。知覚が私と客体の関係、ある特定の関係であるとするならば、その客体が私の脳に入る必要はありません。これは大きく修正された、重要な結果を導きます。見ることは私の脳内で起こることではないという意味になります。私の脳が見ることの中にあるのであって、見ることが私の脳内にあるのではありません。順序が逆になるのです。

◆西田は窓ガラスにぶつかっている

――西田は「意識現象とも物体現象とも名づけられない者」こそが真の実在だといっています。この考えについてはどう思われますか？

その考えについても、私は西田に同意しません。

新実在主義が第一に主張するのは、私たちは物自体[2]を知覚できるということです。西田はこの点に言及しなければならないと私は思っています。西田の主張はまさしく相関主義になっています。二つ目の問題は客体です。私たちが現実それ自体をありのままに知覚できることを、西田は否定せざるをえない。なぜなら彼はいわゆる「相関的循環[3]」に陥っているからです。西田は相関的循環に閉じ込められ、そこから抜け出せないのです。ヴィトゲンシュタインには次の一節があり、これも仏教にある程度通ずる考え方ではないかと思っています。

彼は「哲学の目的とはハエにハエ捕り瓶からの逃げ道を教えてやることだ」と言っています。部屋の中にハエがいるとする。ハエは部屋から出たい。窓を開けたらハエは部屋からいつでも出ていける。しかし窓を開けてやるまでは、ハエは窓ガラスにぶつかるばかりです。西田は窓ガラスにぶつかっている。**新実在論が西田の窓を開けるのです。**私と西田の意見は一致しているのです。私たちは同じ景色を見ている。私はただ西田に窓を開けましょうと言っているのです。

カントも非常に興味深い困難に突き当たり、それを解決できませんでした。新実在論はポスト・カント主義、物自体の認識に関しては反カント主義です。新実在論とは結局のところ、カント以降の新しい哲学です。

カントにも、私たちが現実を経験するという優れた考えがあります。そしてカントは、現実ではなく現実の経験を分析してはどうかと言っています。そして存在とは、可能的経験の領域における現象であると捉えています。ですから存在するとは、可能的な人間経験の領域にいることなのです。

たとえば、長野県が存在するとはどういうことか。私たちは長野県に行けます。ですから長野県の存在と、誰かが長野県を経験できるという事実は同じです。この二つは可能的経験の領域にあります。これがカントによる存在の定義です。しかし可能的経験の領域の外にある長野県についてはどうか。それは物自体となるでしょう。そしてそれについては、私たちは何も知覚できないとカントは言っています。

しかしそうなると、物自体は存在しえないということにもなります。これが一つの問題です。物自体が存在しないのなら、ではなぜカントはそれについて語っているのか。

仮に物自体が存在しないとしましょう。富士山の見え方が36通りしかなく、その36通りの見え方以上の富士山は存在しない。富士山それ自体は存在しない。富士山のパノラマがあるだけで、富士山そのものは存在しない。これがおかしいのはなぜでしょうか。それは、私たちが全員存在しなくなったとたんに山そのものも存在しないことになるからです。それでは人間が出現する以前には何物も存在しなかったことにもなります。

先ほど話に出したカンタン・メイヤスーはこの問題を「**祖先以前性**」と呼んでいます。この概念、『荘子』の箇所で前述しましたね。祖先以前性は21世紀ヨーロッパ哲学の最も重要な概念です。カントは、祖先以前、すなわち人間が出現する以前には現実が存在しえないと言うでしょう。西田にも同じ問題があります。純粋経験の前には何物も存在しなかった。しかしそれは真実ではありません。哺乳類が進化する以前から物はあった。だから私たちは進化できたのです。地球は人類が現れる前からあった。

だから西田哲学はカント哲学と同様に人間中心主義だと私は思います。人間を取り去ると、純粋経験を取り去ると、何物も存在しない。もちろん彼は「マルクス、純粋経験は人間とは関係ありませんよ」と言うかもしれない。しかしそうすると話はますますやっかいになります。では純粋経験とは何か。この概念がキリスト教に接近してきます。突然、純粋経験が神の心になる。意外な展開でしょう。

純粋経験は人間と不可分であるか、人間が見出すのだと私は考えます。しかし、だとすると、人間がいなければそれは存在しない。つまり、何物も存在しないのですから悲劇です。そしてこれはカントの問題でもあります。カントの同時代人であるドイツ人哲学者のヤコービは、それはニヒリズムだと言って非難されました。なぜならカントによれば人間が存在する限りにおいてのみ事物は存在することになるからです。西田もニヒリストだと私は考えます。

◆西田は「善」を正しくとらえている

——西田は「場所の論理」という概念も提唱します。「私」とは「私とは○○である」という言い方で、主語として言い尽くされる存在ではなく、多様な働きが生まれる述語的な場所のような存在であり、そこに実体はない、と考えています。西田の「場所の論理」について、あなたはどう考えるでしょうか。これまでと同様、疑義を提示されますか？

いえいえ（笑）。西田哲学の中で私が強く疑問を感じるのは、先ほど述べたものだけです。西田は最上の善が人類の向上であることを理解しています。これに関しては彼は正しいと私は考えています。

この思想を彼はドイツ人哲学者フィヒテから得ています。これについて、私は前述した、最上の善に関するサマースクールでも教えてきたばかりです。フィヒテは「学者の使命」というテキストでこの概念を示しており、西田も確実に知っていたはずです。そのテキストでフィヒテは最上の善という考えを展開しています。西田の善についての考えとまったく同じです。

私も西田と同意見で、**善とは道徳的進歩である**と考えます。善とはすべての人間にとって物事を改善することです。つまり善とは社会的なものです。善は個人的なものではありません。西田は善を正しくとらえていると私は思っています。

フィヒテが言う「最上の善」は、カントの言う「幸福であるに値すること」に基づくものです。「幸福」をカントは——変わった言葉の使い方ですが——「あらゆる傾向性の充足」と定義しています。幸福についての完全に経済的な理解です。私はコーヒーを飲みたい、コーヒーを飲む。私は（インタビュアーの）大野和基さんに会いたい、和基さんに会う。非常に直接的ですね。何かが欲しい、何かを得る。それがカントの言う幸福です。

しかしカントは、人が幸福であるとはその傾向性が悪であっても充足されることを意味する場合があることを理解していました。そこで彼は、行為者の傾向性がその善の関数として充足される世界のほうが、行為者の傾向性がその悪の関数として充足される世界よりも良いと言っています。ですから、日本ではもうあまり人気がありませんが、岸田さんが首相（インタビュー当時）として統治する世界のほうが、シリアの前大統領であるアサドが独裁者として統治する世界よりも良いわけです。岸田さんが今いい人生を送っているなら私たちは皆ハッピーです。誰も岸田さんが幸福であることに反対しません。しかしもしアサドがモスクワでいい暮らしをしていたら、私たちは何か間違っていると感じます。

最上の善は、「社会の法的・経済的なインフラが行為者の善性に基づいている善」です。そしてフィヒテはカントよりさらに進んで、社会とは不均等な者同士が共存する場所であるという正しい社会理論が、ここから導かれると理解しました。

フィヒテは不均等であることが社会にとって必要であることを理解していました。人はそれぞれスキルが違います。人間は不均等です。だから近代社会は分業化されているのです。不均等な者同士で分業があるのです。そして良い社会では、すべての個人のスキルを具現化する方法を見出します。

社会の機能は最上の善を求めて努力すること、すなわち傾向性の充足を道徳的に正しい行いに結びつけることです。ある考え方においては、それが**歴史の目的であり、人生の意**

味です。そしてこの考え方は普遍的です。仏教のすべての宗派には確実にこの考え方が見られます。ダルマ〔法〕とカルマ〔業〕はまさにこの考え方です。西洋思想、カントとフィヒテにもこの考え方がありますし、アフリカの思想（ウブントゥ）にも、ラテンアメリカの伝統的な考え方にも見られますから、普遍的な人間の思想であることは明らかです。私たち皆が力を合わせるようにさせる何かがある、それがこの「最上の善」の考え方なのです。

◆「場所の論理」と"fields of sense"

「場所の論理」の話に戻ると、私は西田の「場所の論理」については、西田の最も優れた思想だと思っています。

場所の論理とは行為のありかですね。私の著作では「fields of sense」という概念を中心に据えています。『なぜ世界は存在しないのか』では「意味の場」と邦訳されているようです。「fields of sense」の sense は言語や人生、そして聴覚や嗅覚のような感覚にも関わっています。

物は常に一つの場所に於いてしかなく、場所の場所は存在しません。それは「無」であると西田は言っている。場所の場所は存在しないという西田の場所の論理において、西田と私の考えは完全に一致します。物が置いてある場所はあるが、場所の場所は存在しない。場所の場所は無です。あらゆる根拠の根拠のなさ。それが世界が存在しない理由です。この点について私は西田に全面的に賛同します。

場所についての西田の理解は、私が fields of sense と呼んでいるものとまさに方向が一致していると思います。一つ大きな違いがあるだけです。西田の欠点は、彼が場所は人間とは独立したものであると言っていないこと。これはおそらく彼にはわかっていないことです。

西田の「純粋経験」と「場所」の関係については、私は以前、東京大学の中島隆博教授と大いに語り合いました。

ある解釈では、西田が場所は純粋経験であると考えているとしているそうですが、これには異論の余地があります。しかし別の解釈では、彼は純粋経験さえも場所で起こると理解しています。私の存在論と同様に、ここには入れ子構造があります。場が場の中にあり、その場は場の中にあり、その場はさらに場の中にある。しかしこの入れ子構造の場の連鎖は、純粋経験における私たち人間の視点に基づいており、純粋経験は経験でさえない何かに基づいています。

私はこちらのほうが優れた解釈だと思います。なぜなら、これなら「無」と両立するからです。

さて、すべてのことが起こる場所は、純粋経験でさえないと私たちは理解しています。場所を経験することはできないし、場所は経験に占有されていません。そこは何物にも占有されえない場所です。だからすべては変化可能なのです。

西田はやはり日本の哲学者です。日本の思想は常に変化の思想です。不変についての思想ではないのです。

同様に、場所の論理は変化を背景に生じています。

何物も「無」を占有することはできないとすれば、あらゆるものが変化します。なぜなら、あらゆるものが究極の空間を占有しようとする試みだからです。しかし「場所」を占有しようとしてもできません。そこには無があるからです。ですから、存在という根底にしがみつこうとしてもできません、そこにはしがみつくべきものが何もないからです。それがこの「場所の論理」の考え方であると私は思っています。

◆「仮面」の下の純粋な自己など存在しない？

――西田以外の、日本の哲学者の思想についてもご見解を伺いたく思います。哲学者の森有正や坂部恵は下記のように考えています。

「『自己』は『他者』に対してつねに、ある一定の『役割』をもった存在として相対しているということが言えるであろう。（中略）たとえば親として、あるいは子として、サラリーマンとして、学生として、といったさまざまな役割を担いながら、『他者』に対している。（中略）そのようにさまざまな『役割』を担いながら生きているということは、私たちが、ある意味でたとえば親という仮面、子という仮面、学生という仮面というように、さまざまな『仮面』をかぶって生きているということでもあろう。ひょっとすると、この『役割』ないし『仮面』の全体、あるいはその集合が、私たちが一般に『自己』、あるいは『私』ということばで呼んでいるものだと言ってもよいかもしれない。私たちはたいていの場合、私たちが演じるさまざまな『役割』の背後に、変わらない不動の『私』というものがあると思い込んでいるが、ひょっとするとそれは単なる思いこみであって、『私』というのは、結局のところ、さまざまな『役割』、あるいは『仮面』の集合にすぎないのかもしれない」（藤田正勝著『日本哲学入門』）

この「仮面」の考え方について、どう思われますでしょうか。

これは優れた議論ですね。日本社会について学びを深め、いろいろと経験するにつれ、体制順応主義などとよく評される非常に緊密な社会的ネットワークは、驚くほど高度な社会的スキルのようなものだと考えるようになりました。多くの西洋人はそれを不自由として経験しますが、面白いことに私はそれを自由として経験しています。

今回私と一緒に来日した二人の同僚の哲学者と、日本の体制順応主義について議論をしました。**日本の体制順応主義には、意外にも解放感がある**、と私は述べました。私の日本人の友人のほとんどは、まったく解放感がないと考えていることは知っています。

日本のみなさんが私に同意するだろうということではありません。ただ、ここには意外に解放感を覚える要素があるのです。なぜなら、日本人も他国の人と同じ人間であり、ただ社会が違うだけだから、社会的ネットワークと関わる内面の主観があるのだ、と多くの人から耳にしたからです。緊密性の強い社会的ネットワークは、非常に穏やかな内面世界を生み出す可能性があります。

例えば、日本のスパを訪れたとしましょう。その店の完璧なルールのおかげで、私は完全に自分の世界にこもることができます。外面的には完全な体制順応性がある。このフロアではこの靴に履き換えて、別のフロアに移動したらそこでまた靴を履き換えて、脱いだほうの靴を持ってあのドアに行ってドアを開けて、靴を履いて、といった日本的なルール。でもおかげで、スパのリラクセーションエリアにいるとゆったりとくつろげるのです。

ドイツのスパも悪くはありませんが、日本のスパと比べるとドイツのスパは騒々しい。ドイツのスパでサウナの後にリラクセーションエリアに行こうとすると、ワイワイガヤガヤしていて、残念な気分になります。もめごともよく起こります。そういうときは殺意を覚えます（笑）。もちろん実行はしませんが。

日本人はこのスパの問題を、おおむねルールを完璧に守ることによって解決しています。靴も決められたものをちゃんと履くでしょう。だからスパの中でうるさい靴音がしない。いつも静かです。絶対に騒々しくならない。これが体制順応性です。この体制順応性が（逆説的に）日本人の内面性を確保している。

その意味では、体制順応性は仮面なのではないかと思います。ルールに従って私は靴を履き換え、これをあそこに持って行く。このルールが自己を生み出すとしたらどうでしょう。真の自己ではありませんよ。私は内面の自己を真の自己だとは言っていません。しかしそれはたしかに存在します。どちらの自己もあると私は思っているのです。

社会的な仮面という概念と、社会的な仮面をかぶった自己という概念は両立します。しかしだからといって、仮面をかぶっていない自己が真の自己だということにはなりません。それはたくさんある自己の一つにすぎないからです。

［注］

１　ヨハン・ゴットリープ・フィヒテ（１７６２－１８１４）　ドイツ観念論の哲学者。カントの実践哲学を発展させ、理論と実践の統一を行った。ナポレオン占領下のベルリンで行った講演「ドイツ国民に告ぐ」は有名。ヘーゲルやシェリング、さらに西田幾多郎の思想に影響を与えた。

２　物自体　カント哲学で、我々の感官を通して生まれる表象の源泉となるが、それ自体は不可知であるもの。新実在主義はカントとは異なり、われわれは物自体を知覚できると考える。

３　相関的循環　相関主義とはメイヤスーが名付けたもので、我々は思考と存在との相関のみにアクセスできるのであり、一方の項のみへのアクセスはできないという主張。メイヤスーはさらに、悪循環や即座の自己矛盾に陥ることなく即自的なものを思考することはできないと主張する議論を「相対的循環」と呼んだ（参考文献：カンタン・メイヤスー著／千葉雅也、大橋完太郎、星野太訳『有限性の後で』人文書院）。

巻末対談

「新実在論」と親鸞の共通点

マルクス・ガブリエル
×
松本紹圭

[まつもと・しょうけい]
僧侶。株式会社Interbeing代表取締役。武蔵野大学ウェルビーイング学部客員教授・カンファ・ツリー・ヴィレッジ統括プロデューサー。世界経済フォーラム・Young Global Leaders Alumni。未来の住職塾代表。東京大学哲学科卒、インド商科大学院（ISB）にてMBA取得。
著書『お坊さんが教えるこころが整う掃除の本』（ディスカヴァー・トゥエンティワン）は世界20カ国語に翻訳。翻訳書『グッド・アンセスター わたしたちは「よき祖先」になれるか』（あすなろ書房）。noteマガジン「松本紹圭の方丈庵」発行。ポッドキャスト「Temple Morning Radio」は平日毎朝6時に配信中。

2024年8月30日、築地本願寺で、学校法人武蔵野大学創立100周年記念カンファ・ツリー・ヴィレッジ・プロジェクト[1]によるポッドキャスト番組の公開収録「マルクス・ガブリエルの声を聞く　いかにしてわたしたちはよき祖先になれるか〜仏教が風土の溶け込んだ日本の地から、響き合って、未来へ」が開催され、ガブリエル教授と、僧侶で武蔵野大学客員教授の松本紹圭氏の対談が行われた。「よき祖先になるために」をテーマに英語で行われた対談には多くの聴衆が集まり、ガブリエル教授の「新実在論」、親鸞《しんらん》の思想などについて活発な議論が展開された。

新実在論①――私たちは現実をあるがままに見ている

松本　ポッドキャスト番組「ｖｏｉｃｅ」公開収録にようこそ。マルクス・ガブリエル教授、ご出演ありがとうございます。

ガブリエル　お招きありがとうございます。

松本　当ポッドキャストのホスト、松本紹圭と申します。ガブリエルさんをゲストにお迎えでき、大変光栄です。まず、お聴きのみなさんに、提唱されている哲学「新実在論」について簡単にご説明いただけますか。最も有名な著作は『なぜ世界は存在しないのか』（清水一浩訳、講談社選書メチエ、２０１８年）です。

あなたの哲学は多くの日本人にとって大きな力になるのではないかとかねてより思っておりました。なぜなら日本とドイツは仕事を通じて熟練・体得を目指すという共通の国民性があるからです。その一方で、労働時間はドイツと日本ではかなり違います。日本の生産性の低い長時間労働は大きな問題となっています。「社畜」という言葉はご存じですか。会社に飼い慣らされたかのように、ひたすら働く人を表す言葉です。その人にとっては会社が世界のすべてなのです。今度『なぜ会社は存在しないのか』という本を書いていただきたい。

ガブリエル　（笑）。では改めて、（日本語で）ミナサン、コンバンハ。新実在論は二つの主張によって定義できます。その二つの主張から他のすべてが導かれます。いわば新実在論の基本方程式のようなものです。

主張その1。**私たちは物、現実をあるがままに知ることができる。**つまり、私たちは物のありようを知覚、思考、その他さまざまな方法で、本当に知ることができるという意味です。

人間の心と現実の間に乖離《かいり》はありません。非常に単純なことです。なぜこれが重要なのかを示す哲学的考察を一つだけ提示しましょう。仮に人間の心と現実の間に乖離があると想像してみてください。みなさんの中には、自分の心とはすなわち脳のことであり、思考や知覚を行っている自分の一部はこのどこかにあると考えている人もいるかもしれません。厳密にどこかはわからないけれど、このどこかにある。あなたがたがそれを信じているとしましょう。

すると、みなさんは私がどうやってここにいるのを知るのでしょう。私は自分が紹圭先生の隣に座っていることをどうやって知るのでしょうか。その説明は次のようになります。光が紹圭先生の身体から跳ね返って私の視神経に当たり、なんらかのプロセスを経て、私の視覚野に紹圭先生のイメージが現れます。この場合、私の心は紹圭先生とは基本的に分離していることになります。脳の働きがどうであれ、私が脳内で見るものは紹圭先生ではなく、紹圭先生のイメージ、例えば神経系が作り出すイメージになるはずです。

この説明、このストーリーでは、私は現実と分離しています。そして、私の心は私の脳ではなく何か別のものであり、現実、物質的現実がなんらかの方法で心に入らなければならないというストーリーでは、話がさらに難しくなることがおわかりでしょう。心が脳ではなく別の何か、おそらくは非物質的な何かであるとしたら、物質的現実はどうやってその中に入れるのでしょうか。このストーリーにはどうやら問題がありそうです。

しかし、もしこのいずれかのバージョンのストーリーが真実だとしたら、次のような問題が出てきます。あなたに心があるとどうやってわかるのか。脳が心であるというストーリーが真実だと想像してください。脳が心であるとどうしてわかるのでしょうか。脳を解剖して検査した？　あるいはＭＲＩ（磁気共鳴画像法）のようなテクノロジーで？　それで何が見えたでしょうか。脳が見えた？　違いますね。見えたのは脳のイメージです。ですからあなたが実際に言っているのは、脳が現実のイメージを受信する、あるいは現実のイメージを作り出すということではありません。それはあくまで脳のイメージです。なぜなら脳のイメージ以外にどうやって、あなたは脳について知るのでしょうか。

もし自分は現実から分離しているというストーリーを採用するとしたら、それが真実であるとどうしてわかるのでしょうか。そう考えると、真実ではありえないことがわかります。もっともらしくは見えるでしょう？　世界がそこにあって、心はここにある。世界は光子と神経の因果関係によって心に入ってこなくてはならない。言い換えれば、そこに物質的現実があって、ここに非物質的現実がある。とすれば両者の間にはまだ乖離がありますしかし乖離があることはどうしてわかるのでしょうか。

もしこのような乖離があるとわかっているとして、あるいはこのストーリーに二つの側面があるとして、今度は別の視点から見るとします。あなたには二つのものが見えています。あなたの脳と紹圭先生です。実はあなたは外側から私を見ています。このストーリーでは視点が変わりましたが、しかしそれについて説明ができません。

新実在論の第一の主張は、私たちが現実から分離しているという考えを完全に捨て去っています。現実からの分離という考えはここには一切ありません。一切ない。これはさまざまな結果を導きます。一つ興味深い結果を示しましょう。それはつまり、脳は現実のイメージを生成できないことを意味します。実際に生成していません。脳を、頭蓋骨を開けてみても、そこにイメージはありません。頭の中にイメージはないのです。

脳の中には、さまざまな種類の細胞、神経接続、液体、電気信号、脳波が詰まっています。しかしイメージは一つたりともありません。私の脳を解剖しても紹圭先生の写真などありません。そこにあるのはニューロンばかりです。脳の中にイメージはないのです。

さて、新実在論は、脳が受像機であったらどうか、とあなたに投げかけます。テレビ番組があって、私たちはみな同じニュースを見ることができるけれど別々の受像機で見ている、と想像してください。私の家にあるテレビは、あなたの家にあるテレビではありません。それぞれ別の受像機を持っている。でも同じ番組、同じニュースを見ることができます。

テレビ受像機と同じで、脳がイメージを生成するわけではないと想像してください。テレビは放送されている番組を受信する。新実在論が脳について語っているのはそういうことです。現実は私たちすべてに放送されているけれど、私たちは異なる受像機を持っています。だから私に見える現実とあなたに見える現実は違うのです。私のテレビはあなたのとは少しだけ違います。なぜなら脳に一つとして同じものはないからです。でも放送されている番組は同じです。これが主張その1です。

新実在論②——世界は存在しない

新実在論の主張その1は、現実は外側にあるのではない、私たちは現実から分離していないというものでした。心と心でないものの間に、興味深い哲学的な差異はありません。私たちはその区別をなくさなければならない。

主張その2はさらに過激です。放送されている番組、すなわち現実は、単一の番組ではありません。**世界は存在しない**と私が言う意味はそういうことです。私たちがいる全体的な場所など存在しませんし、その場所は認識の対象です。このことが導く結果がどれほど過激かをお見せしてから、どうしてそこにたどりつくのか論拠を示しましょう。

今のところ、現代の科学的世界観として、次のストーリーが真実であると多くの人々が信じています。約140億年前にビッグバンが発生した。私はこれは否定しませんのでご安心ください。これは真実です。140億年前に何かが起こり、それがビッグバンと呼ばれています。現代物理学は今ビッグバンに疑問を呈していますが、それでもまだ物理学の世界で受け入れられている考えです。

さて、ビッグバンがありました。これは正しいとしましょう。次に物質が形成されました。すなわち粒子のフェルミオンやボソンです。今日私たちが物質と呼んでいるものはフェルミオンとボソンのことです。そして宇宙はダークマター（暗黒物質――それが何かはわかっていませんが）やダークエネルギーが95％を占めています。しかし重要ではない難しい部分は脇に置いて、フェルミオンやボソンに注目しましょう。フェルミオンやボソンが大活躍してH_2O（水分子）や炭素など、生命の材料を作り出しました。

しかしこれらはすべて、まず星の中で生成されなければなりませんでした。後の生命となる材料が生成され、ずっと後になって惑星ができ、さらに長い時間を経て惑星上、この地球上に原始生命が発生し、その後恐竜が現れ、絶滅し、新たな生命が誕生しました。その後の長い話を省略すれば、今私たちは東京にいる。ビッグバンから東京までの一つのストーリーです。

しかし私が今した話の大半は、まったく謎のままです。たしかに、私たちがなぜ今ここにいるのかについてのストーリーは、子どもでも知っている本当の話のように聞こえます。しかし物理的特性が惑星にどうつながるのか、それはわかっていません。フェルミオンと惑星を総合的に扱う物理学はありません。惑星がフェルミオンとどう関係しているのかを教えてくれる物理学の専門分野は一つもありません。惑星は、パンが小麦粉からできているように、フェルミオンからできているわけではありません。それは単純に真実ではないのに、多くの人は信じています。

しかしさらに困ったことに、生命がどこから来たのかを誰も知りません。これがこのストーリーの次の問題点です。現状、これは物理学の対象ではありません。なぜなら目指すものがわかっていないからです。どれだけ優秀な物理学者でも――日本にも大勢いますね――これを解決できません。生命の本質を私たちは知りません。炭素でしょうか？　炭素は地球上の生命にとって非常に重要です。しかし炭素とはどのような材料なのか。

仮に材料があっても、それはまだ生命ではありません。人間の素材はあっても、そこに人間の生命はありません。生命は素材そのものではないのです。それは別の何かです。それが何なのかが私たちにはわかっていません。たとえそれが解明されたとしても、惑星がフェルミオンからどのように作られているか、生命が炭素からどのように作られているか、その詳細が仮にわかったとしても、日本とは何かはまったくわかりません。なぜなら、日本の物理的特性とは何でしょうか？

最新の学問もこの点では無意味です。なぜなら日本は物理学の対象ではないからです。

日本には優れた物理学がありますが、日本の物理学というものはありません。国土の大地を研究対象とすることはありますが、なぜ岸田氏が2年後には首相でなくなるかを説明してくれる物理学はありません（2024年8月30日収録）。物理学はなぜ岸田氏が退任するかを説明してくれません。それは物理学の対象ではないのです。また日本の山々の美しさも、日本の仏教も、物理学その他の自然科学の対象ではありません。

つまり、私が言っているのはこの壮大なストーリーのエビデンス――フェルミオン、惑星、生命、恐竜――、これらの断片的な要素が結びつかないということです。これが二つ目の主張なのです。

これらについてはすべて知ることができます。フェルミオンやボソンはたしかにある。違いは片方が半整数のスピン（角運動量）を持ち、もう片方が整数のスピンを持っていること。これは量子力学です。これについてはわかっています。そして恐竜は存在した。これについてもたしかにわかっています。そして日本仏教は存在します。これについてもわかっています。しかし恐竜と日本仏教は結びつきません。これが新実在論の見解です。

このように、私たちは現実をあるがままに知ることはできますが、現実は一つではありません。世界は存在しないのです。ですから一つ、現実は実在し私たちはそれを知ることができますが、二つ、その現実とはさまざまな断片の集まり――私はいろいろな理由から「意味の場」と呼んでいます――である、この二つの見解を合わせたものが新実在論です。

松本　お話しいただきありがとうございました。あなたの哲学と浄土真宗の宗祖である親《しん》鸞《らん》の哲学には大きな共通点があると思います。ここ築地本願寺と、本日訪れた光明寺はともに浄土真宗のお寺です。親鸞もあなたの哲学も、知りえないものを扱っていますね。

ガブリエル　そうですね。

「未知」を体験する

松本　あなたは仏教に親しんでおられますが、親鸞にはそれほどお詳しくないとのことですので、親鸞の哲学について簡単に紹介させていただきます。

親鸞は興味深いことに、愚者を自認していました。なぜなら、自分には到底ブッダの視点に立つことはできず、ブッダの思想を本当には知りえないと、自身の認識は常に限られていることを理解していたからです。

親鸞は、人間は、業や人生で出会う条件によって誰であれ悪事をなしうることを強調しています。例えば、ニュースで見た殺人犯をあなたは非難するかもしれません。でも、もし自分がその人と同じ環境で育ち、同様の経験や条件の中にいたら、同じ犯罪に手を染めたかもしれない、と親鸞は言いました。あなたの認識はあなたが置かれた条件に依存しているのだから、**世界を知ることは絶対にできない、自分さえも知ることはできない**、彼はそう言っているのだと私は解釈しています。これは言い換えれば、「世界は存在しない」ということです。

この会場に来る前に、私とガブリエルさんは次のようなことを話し合っていましたね。あなたの哲学が日本で非常に受け入れられているのには理由があって、日本には、親鸞のような偉大な祖先が、仏教哲学を広めていたという下地があったからではないか、と。親鸞がみずからを愚者と認識していたことはネガティブに聞こえるかもしれませんが、これは実はニヒリズムを克服するためのポジティブな処方箋として機能しています。

そしてあなたがおっしゃったように、世界という認識が発明されたのは、人々が未知なるものを恐れていたからです。しかし実は、自分の認識の限界を受け入れることによって、未知の先にある無限の可能性を受容する心が育つのです。仏教に関して、また親鸞の教えについて、お考えがありましたらお聞かせいただけますか。

ガブリエル　未知というのは非常に重要なポイントだと思います。私は現在、まさに未知についての本の執筆を構想しているところです。未知を考察する重要性に次のように光を当てられると思います。

私は断片を知ることはできますが、そのことはそれらの断片が特定の全体の一部であることを意味しません。現実の経験には、必ず驚きが控えています。一つ例を挙げましょう。(手元にあるペットボトルを手に取り)これは明確にペットボトルです。しかし私はこのペットボトルをあらゆる角度から見たわけではなく、このペットボトルに対してあらゆることを試したわけでもありません。

私はそれなりに――というのもこれは工業生産された物ですから――このペットボトルは私がペットボトルとして知っている通りの働きをすると想定します。しかし、これに限らず、日本の多くの日用品は私の知っている日用品とは非常に異なっていることも知っています。――もっと適切な例に変えましょうか。ペットボトルは世界共通で、日本ならではの特徴がなさそうなので。

2日前に私は東京大学にいて、あるものをいただきました。オレンジであることはわかりましたが、飲むものか食べるものかがよくわからない。それを出してくれた方がゼリー状の食品、ジュースを凝縮したものだと説明してくれました。オレンジを食べる感じなのか、オレンジジュースを飲む感じなのか予想がつきませんでした。みなさんは私が何を言いたいかおわかりでしょう。

答えは両方、オレンジを食べるとも、オレンジジュースを飲むとも言えました。夏にふさわしい冷たさで、あのときいただくには理想的なものでした。そして、そのすべてが驚きになりました。私はそれをためつすがめつし、味見をしたり、匂いを嗅いだりすることはできましたが、どんな驚きが待っているかはわかりませんでした。それは何でもありえた。それもまた気に入りました。何でもありえたことを。

さて、あなたもこのシナリオとだいたい同じように現実を体験していると想像してください。工業製品を生産する現代だから、世の中に何の驚きもないかのごとく見えるだけで、驚くことは必ずあります。だから私たちはみな死ぬのです（訳補足：私たちの知り得る世界がこの世とするならば、その限界がやってきます。先に言及した「意味の場」の限界です）。私たちが死ぬのは、自分の条件について知らないことがあまりにも多いからです。あなたが今いるその瞬間について本気で考えれば、どの瞬間にも未知の面があり、その瞬間のあらゆる条件に知の光を当てることは不可能です。

例えば、今この部屋にはたくさんの人がいる状況であり、一人ひとりが他の人とはまったく異なる人生を送っています。今のこの状況に一人ひとりがどう関わっているかを知るのは、絶対に不可能です。これがポッドキャストの収録であることを私たちは知っていて、それで私たちはここに集まっています。しかし私たち一人ひとりがここにいる理由を実際に理解し始めたら、無限に多くの条件に遭遇するはずです。その無数の条件が、願わくばこれから1時間、安定した状況におさまっているわけです。でも安定した状況におさまる理由を私たちは知りません。社会が機能する理由を誰も知らないのです。

ドイツの詩人ハインリヒ・フォン・クライストがかつて次のような問いを発しました。目の前の建物はなぜ崩れ落ちてこないのか。この建物はなぜ安定しているのか。ハインリヒ・フォン・クライストはそれにうまく答えています。壁の一片一片は崩れ落ちようとしているが、それぞれが違う角度から倒れている。だから安定しているのだと。すべてが重力によって落ちようとしているが、それぞれが違う角度から倒れているので、支え合って安定している。これもまた、私たちにはなぜ社会が機能しているのか、どのように機能しているのかを知りえないことを意味します。

親鸞の論点は非常に重要だと思います。祖先といえば、親鸞は日本にとって重要な祖先ですね。日本の仏教寺院のうち非常に多くが、親鸞が宗祖となった浄土真宗に属していると知ったばかりです。2万だとか。大変な数ですね。浄土真宗は日本において非常に普及した仏教です。

親鸞とほぼ同じことを同じように語った興味深い「祖先」がもう一人います。15世紀のドイツ人哲学者ニコラウス・クザーヌスには『Idiota de Mente（精神に関する無学者の対話）』というすばらしい本があります。クザーヌスは自分を無学者と呼んでいるのです。彼にはもう1冊、『De Docta Ignorantia（知ある無知）』という有名な著書もあります。無知を知る、これが彼の信条の一つです。クザーヌスは教皇に近い地位にまで昇りつめた後に亡くなっています。中世カトリックの聖職者として階層のトップに迫った、非常に位の高い人でした。

彼は私の国の祖先です。クザーヌスの出身地は私が育った町のすぐ近くでした。彼のドイツ名フォン・クース（von Kues）は彼の出身地ベルンカステル＝クース（Bernkastel-Kues）の名前なのです。彼はまさに、知の最も進んだ形が自分が愚者であると知ることである、という思想の持ち主だったのです。

ちなみに、日本語で「fool」は何と言いますか？　彼は何という言葉で表現していたのでしょう？

松本　親鸞の言葉ですか？

ガブリエル　ええ。

松本　「愚か」です。

ガブリエル　「愚か」。興味深いですね。ニコラウス・クザーヌスが使っている「無学者」という言葉は、ラテン語とギリシャ語では「(聖職者、学者などの専門家に対して) 一般人」という意味もあります。つまり、未知の経験は政治の対極にあるという考え方です。しかしよく知られているように、政治家は自分はわかっていると主張する必要があります。しかし彼らがわかっていないことはみな知っています。誰かが「自分は知っている」というふりをしなければならないから、私たちは政治を受け入れているだけです。そうすれば安心するからです。「台風が来るかどうか、自分は知っている」というふりを、誰かがしなければならないのです。

今回日本を訪れた際、とても面白い経験をしました。ドイツのみんなが私に、台風を警戒したほうがいいというメッセージを送ってくれたのです。みんな台風が来るか来ないか自分は知っていると思っていたのです。でも台風が来るかどうかなどわかりません。ですから非常に興味深い未知があるわけです。台風が存在するのはわかっていますが、本当に日本に上陸するかどうか、それはわかりません。

根拠なく咲く桜は「無底」を表している

松本　ありがとうございます。なるほど、私たちには共通の祖先がたくさんいるのですね。武蔵野大学の建学の精神の源にはブッダ・ダルマ（仏法）があります。仏教は、このブッダ・ダルマに世界の真理を見て、世界をあらゆる存在がつながり合い、相互に依存し、あらゆる現象が出現してはダイナミックに変化し続けるところである、そんなふうに見ています。

特に、日本の仏教は、あらゆる存在のつながり、つまり自己の概念を広げるために、死者との関わりに重きを置いてきました。私たちが注目している「**いかによき祖先になれるか**」という問いは、私たちを過去と未来にいざない、今をいかに生きるべきかを考えさせます。もしよろしければ、あなたのよき祖先についてお話しいただけますか？　血縁の方でも、古代の哲学者でもかまいません。

ガブリエル　ご質問へのお答えとして二人の人物を挙げたいと思います。一人は家族、「祖先」という言葉そのままの意味です。もう一人は哲学者です。

まずは私の父についてお話しします。ただしこの二人は、すぐに説明しますが、重要な形で関係しています。

私の父は庭師で、墓地で働いていました。そして父はアナーキスト（無政府主義者）でした。自由を信じていたのです。本当に大切な唯一のものは自由だと父は考えていました。父のような善意のアナーキストにとって、社会構造を正当化する根拠は自由を増大させること、それだけでした。

社会を正当化する唯一の根拠は、私たちをより自由にしてくれることです。そして現に社会はそうしています。なぜなら社会のおかげで私たちはこの対談ができるのですから。私たちは社会のおかげでテニスができるし、社会のおかげでペットボトルの水が飲める。社会は私たちを自由にしてくれます。それが社会を正当化する根拠です。したがって、自由の縮小に加担するものはすべて悪です。それが父のアナーキズムでした。

それはおそらく庭師としての父の仕事にも関わっています。なぜならその文脈、特に生と死という文脈の中で花を考えれば、生が法則に従っていないことがわかるからです。**生命は自身が作り出した法則に従う。生命を支配する法則などありません。**生命に物理方程式はありません。生命は機械ではない。だから量子力学者でさえ生命は研究できないのです。有名な量子物理学者のシュレーディンガー[2]が認めたように、です。要するに、私にとって父は自由に関して重要な祖先であると思っています。

哲学者としての私にとって同じくらい重要な祖先が、ドイツ人哲学者のシェリングです。彼は18世紀後半に生まれて19世紀半ばの１８５４年まで生き、同時代に非常に大きな影響を及ぼした人物でした。彼の仕事はまさしく自由を中心テーマとしています。シェリングの代表作は『自由論』というタイトルです。この本と思想は日本の思想界においても大きな役割を果たしています。

ですからシェリングは日本哲学の祖先でもあるとともに、両者には共通の祖先もいますよね。系譜は違いますが。人間の歴史をさかのぼれば両者の共通の祖先が見つかるはずです。

日本哲学とシェリングの共通の祖先とはいえないかもしれませんが、仏教とシェリングには一つ重要な類似点があります。仏教の重要な概念の一つに「無」が挙げられます。一方、シェリングの最も重要な概念は「無底」です。彼は現実におけるすべては自由であると考えました。

親鸞に話を戻しますと、たとえば私の手元にあるこのペットボトルが存在する条件をすべて挙げようとすれば、条件を無限に連ねていかなくてはなりません。その連なりは終わりません。無限の連なりです。しかしそれは、ペットボトルが存在しえないという意味ではありません。どこかで条件の連なりを止める必要があります。でなければペットボトルはないことになる、無になります。

シェリングは、止めるところ、連なりが終わるところには、とりたてて何があるわけでもないと考えました。ただ始まるだけで、物事の根底（ground、115ページのGrundはドイツ語）に根底はありません。それが、彼がこれを無底（nonground）と呼ぶ理由です。西谷啓治はこの言葉を「無底（mutei）」という日本語に見事に翻訳しました。Nongroundよりも日本語の訳語のほうが良いかもしれません。

この自由は花の自由であり、――花は、私が定期的に日本を訪れるたくさんの理由のうちの一つです――まさに桜そのものではないでしょうか。ここにもたくさんの次元がありますが、桜はまさしく無底を表してはいないでしょうか。花が根拠を持たなくなる。現実には根拠も根底もなく流動しているのだということを私たちは学びます。しかしそれはただの無ではありません。単なる無でも絶対無でもなく、無底なのです。**ですから私にとって祖先とは、私たちが根拠なき根拠に根ざして連なっていると理解することを意味するの**

だと思っています。花が理由がなくともたしかに咲いているのと同じように、私たちは祖先に根拠なく拠っているのです。

祖先の存在は道徳的事実

松本　お考えを美しくご説明くださりありがとうございます。あなたがご自身の哲学に取り入れている概念の一つに道徳的事実があります。私は、道徳的事実は祖先の存在に関連していると気づかされました。

私はなぜか墓地が好きで、外国に行くと墓地をよく訪れます。実用的な観点からいえば、墓地は石が並んでいるだけの役に立たない空間です。しかし私たちが今日の午後に、光明寺の墓地で経験したように、宗教、民族、文化に関係なく、人は墓地に行くと死者の存在を感じ、敬意と配慮をもってふるまいます。これはすばらしい道徳的事実です。

そして、私たちはどうすればよき祖先になれるかという問いにはさまざまな答えがあるでしょうが、この問いそのものの意味が理解できない人には会ったことがありません。祖先の存在という道徳的事実には何か大切なものがあると私は考えています。祖先は目に見えませんが、誰もがその存在を感じ、社会的に他者と共有できます。これは驚くべきことです。これについてどうお考えになりますか。

ガブリエル　ご質問にお答えする前に、実は私もこの1年、この問いについてすでにじっくり考えてきました。というのも、今年は日本の友人たちからご自宅に招いていただく機会が多く、去年（2023年）の12月から日本語を学んでいたからです。その過程で日本の家の機能、部屋の名前や慣習を覚えますし、ご自宅に伺えば、そのお宅で祖先が大切にされていることを知ります。家に対する敬意には祖先が関わっている部分もあります。この道徳的事実は日本においては重要な明示的特徴であり、ドイツではどちらかといえば暗示的です。

しかしこの非常に重要な次元にもう少し踏み込む前に——そこにはあなたと一緒に追求したい、深い論点があると思っています——たった今頭に浮かんだ点を一つだけ。墓地の役割と墓地に有用性がないというあなたのお話を聞いている間に、こんなビジョンが浮かびました。墓地は役に立たないとあなたが言ったときにまず思ったのは、皮肉な考えですが、ならばどんな建物もその意味では役に立たない、ただの石であるということでした。

そして気づいたのです。東京全体が、上から見ると仏教の墓地のようだと。ビル群がね。いろいろな建物の最上階からその光景を見てきました。東京にはなぜこんなにたくさんルーフトップバー（夜景を楽しめるバー）があるのでしょう？　ルーフトップバーが数えるほどしかないニューヨークなど他の都市においては、こんなにさまざまな場所から街の全景を見ることはできません。上から見ると、東京の街はまさに墓地のようなのです。

今日（この対談に来る前に）掃除体験をした光明寺の墓地にも小さな丘がありました。その墓地は神谷町の丘の上にありましたから、墓地の中の丘は神谷町の丘の縮小版ですね。文学研究ではこのように全体がその一部の中に含まれていることを提喩法といいます。構造がみずからを反復しているのです。その意味では、東京のマンションは祖先ですね。あなたがたは墓地の丘の拡大版の都市の中に住んでいる。だからこの建築物はうまく機能しているのですね。

松本　では私たちはお墓の上にもっとルーフトップバーを設けるべきですね（笑）。

ガブリエル　まったくその通り（笑）。お墓の上にもっとルーフトップバーを設けるべきですよ。それが次のステップです。

さて、祖先はご指摘の通り、普遍的な道徳的事実だと、私も本当にそう思います。祖先はあらゆる文化に共通して大切なものです。自分の祖先との関係が不健全だと人生がうまくいきません。だから基本的な心理学と精神分析学は、祖先との関係修復を取り上げているのです。

家族との生活は基本的に、祖先となる準備です。親は自分が生きている間に子どもにとってよき祖先になりたいと願います。自分が死んだときそれが何を意味するかを考えるのも、親の経験のうちです。自分はよき祖先になりたいと願うのです。

最初の子どもを授かったときにまず気づいたのが、いまや私が生きていることが大事である唯一の理由は娘の人生だ、ということでした。私の人生がその意味を失ったということではありません。私はまだ生きている。でももし死んだら、それはいまや悲劇だ。以前ならそれは悲劇ではなかった。いずれ私は死ぬのですから。でもいまや、私が死ぬのが悲劇であるのは、それが娘にとって悲劇かもしれないからです。こうして私の人生は計画外の意味を持つようになりました。私は自分の人生にその意味を持たせるために子どもが欲しいとは思っていませんでした。「ええ？　なんだこれは」という驚きがありました。

リオデジャネイロでそんな考えに見舞われたのです。リオは非常に危険な場所で、自分が命の危険を冒してリオデジャネイロの旅を続けるのは無責任ではないかと思いました。

このように、よき祖先になるとはどういうことかを考えます。あなたに完全に同意します。

そしてこれは、私たちみなが日本から学べるところでもあると思います。あなたがたの社会生活においては祖先の役割がもっと明示的ですから。ドイツにももちろん祖先との関係はありますが、日本とは大きく異なります。日本ほど日常生活の一部にはなっていません。日本人はドイツ人よりもずっと祖先を身近に暮らしています。

松本　でもドイツ人も暗黙的な形で祖先と関係を持っているのですね？

ガブリエル　はい。日本よりずっと暗黙的です。祖先を偲《しの》ぶ記念行事は、もちろん家族を結束させます。ドイツ人も祖先とつながり、世代間正義を生み出す慣習を持っていますよ。気候変動や経済などあらゆる問題は、突き詰めればよき祖先であることができるかを問うものです。よき祖先になるとはどういうことか、この概念が現在、今までになく大きな役割を演じるようになっているのはそのためです。世代間正義の文脈でいっそう重要な問いになっているのです。

また、多くのエコロジー運動がブッダを起源としています。戦後にドイツでエコロジー運動を普及させたドイツ人思想家ハンス・ヨナスよりずっと前に、ブッダは、人間以外の生命や川などを含むすべてのものに対して、私たちには道徳的義務があることに気づいていました。

私たちはまだ存在すらしていない者たちに対して、権力関係にあります。何かに対して権力関係にあるとは責任を負うことです。これがハンス・ヨナスの思想の起源です。もっともその思想の祖先にブッダがいたことを彼は知らなかったと思いますが。エコロジー運動にはブッダという祖先がいるのです。

社会の変革という考えから卒業する必要がある

松本　祖先といえば、日本における僧侶の主な仕事が何かご存じですか？　多くの外国人は心の教え、瞑想などを教えることだと思っています。でも実は一番大事な役目は、あなたもうおわかりのように、葬儀、死者のための儀式や行事を執り行うことです。一見すると過去を向いているようですが、実は未来に開かれた役目だと私は思っています。私たちは祖先から実にたくさんのものを受け継いできたのですから。

私たちは時として、過去に執着しすぎて変化しそびれ、未来に向かって前進することができません。ですから宗教に携わる者の役割は、**自分の役目を終えた人々の法要を行うことによって、人々が前に進むのを助ける**ことだと私は思っています。人生と社会に節目をつけて、先に進むのです。例えば、あなたはＧＤＰ指数について論じられたことがあるかもしれません。ＧＤＰはそろそろ葬儀の時期を迎えつつありますよね。

ガブリエル　ええ（笑）。

松本　これまで世界は、ＧＤＰを経済成長を測る基準に採用し、ひたすらに国内生産の付加価値額の向上を目指してきました。しかし、生産の背景に生まれる負の遺産はカウントされず、また、金額に換算し得ない創造もまたカウントされず、ＧＤＰを追いかける道は既に限界を迎えています。ですから、「ありがとうＧＤＰ、これまでお世話になりました。さようなら、安らかにお眠りください」と言うべきなのです。

ガブリエル　（笑）

松本　私たちは今、僧侶が葬儀を行う築地本願寺にいます。今日、何の葬儀を行うべきだと思われますか。将来世代のよき祖先となるために、ここで何とお別れしたいですか。

ガブリエル　私たちは変化の時期にあります。それはきわめて明白です。変化には二つの次元があります。一つは生活形の変化、これは完全に生物学的なものです。もう一つは余剰価値の生産方法の変化、すなわち経済です。生命と経済が新しい形に変化しようとしています。ＧＤＰを含め、私が別れを告げたいものについてお話ししましょう。ＧＤＰに敬意を表して見送るという考えはとても気に入りました。

何かに別れを告げるということ。良い形で何かとお別れすることと革命には違いがあります。革命は良い形で何かとお別れすることではありません。

祖先との関係に失敗した典型例が毛沢東の文化大革命です。文化大革命が20世紀最悪の事件の一つであったことを私たちはけっして忘れてはなりません。大量虐殺などを伴った、人類最大の悲劇の一つです。なぜそうなったのか。古いものへの敬意があって、はじめて新しいものはうまくいくことを理解していなかったからです。古いものを敬うことは古いものを反復するという意味ではありません。革命は新しいものですが、古いものを祖先と位置づけてはじめて、新しいものが健全で安定し、持続可能になるのです。

不思議なことに、私も同じ論点をある別のスピーチで話したのです。その場で紹介するのは変だろうとは思いましたが。というのも、会場は自動車会社フォルクスワーゲンの本社があるドイツのニーダーザクセン州でした。ドイツ中の財団が集まる会合の開幕スピーチで、聴衆の中には州知事もいました。そこで請われて私はこんな話をしました――今あなたからこの話が出るまでは結びつけて考えることもなかったのですが――私たちには新しい記憶の文化が必要ではないだろうか、と。記念碑について話したのです。

そのスピーチで、私は社会の変革という考えから卒業する必要があると言いました。これは現在、非常に脚光を浴びている考えです。変化と変革についてはさんざん語られていますし、政治の世界で便利に使われている言葉です。

変革という言葉をギリシャ語に翻訳したらどうだろうかと私は言いました。すると響きがまったく変わってきます。同じ言葉でもギリシャ語に置き換えると「メタモルフォーシス」となります。古代ローマ人は「メタモルフォーシス」を「トランスフォーメーション」と翻訳したのです。同じ概念です。しかしメタモルフォーシスと言うと、まったく違う響きになります。蝶（の変態）が思い浮かびます。トランスフォーメーションと言うと産業革命の響きがあります。

要するに、今、私たちが葬るのは産業革命だろうと私は考えているのです。なぜなら私たちは産業革命をもう卒業したからです。私たちが学ぶべきは「いかに総括するか」。産業革命が私たちに与えてくれたものに感謝し、いかに先に進むかです。

先に進むとは産業を終わらせることではありません。資本主義を終わらせて革命を始めることではありません。**あるものの学習を終え、同じ生き物が別の生き物に変態することです。**それは態度の変化です。私が盛大な葬儀を行い、感謝を込めて別れを告げたいのは産業革命です。

ドイツで刊行されている最新刊について

松本　あなたが葬儀をしたいものに関する深いお考えをお聞かせくださりありがとうございます。そろそろ時間ですので、すでにドイツ語で出版されている最新刊のお話を伺わせてください。

ガブリエル　話すことはたくさんあります。今言及してくださったのは『人間という動物(The Human Animal)』ですね。まもなく英語版が出ますし(2025年1月刊行)、日本語訳も予定されています。

ここでその概要を紹介させてください。この本は私自身のメタモルフォーシスだからです。経済問題その他に関する私の最近の思想は基本的にこの本に由来しています。その思想とは次の通りです。

私たちは古今東西を問わず、人間というものを動物に何か別のものが加わった存在、例えば理性を持つ動物と考える傾向があります。理性的な動物、道徳的な動物、言語を持つ動物、宗教を持つ動物、など、何かが加わった動物であると私たちは言うかもしれません。そこで、次のように考えてみてください。非常に単純な等式で、仮に人間＝動物＋

X、と考えてみましょう。すると、動物とは人間からそのXをマイナスしたもの、ということになります。

しかしそれは真ではありえない。なぜならすべての動物は同じ、ただの動物になってしまうからです。ハチはライオンとはまったく異なります。そしてハチとライオンはイルカとはまた異なります。たった一つ「動物」と大きく括れるものがあるわけではなく、さまざまな動物がいる。ですから思考を一歩進めると、他の動物たちもまた動物＋何かではないか。人間は動物＋X、ハチは動物＋Y、ライオンは動物＋Z、など。では、動物とは何ぞや？　すると突然、答えに窮します。

人間の自己定義は、動物という概念にはまったく何の意味もないという気づきを導きます。そこで私は動物学者に教えを請いました。誰か知っているに違いないと、動物の研究をしている人々に質問したのです。私はさまざまな生命科学者に相談し、動物学部に赴きました。「私は今このような問題を抱えています。自分ではまったく見当もつきません。さっぱり意味がわからないのです。動物とは何か、教えてもらえませんか」。すると動物学者たちはこう答えました。「ああ、動物についてはとっくの昔に議論をやめたのです。動物学には動物はおらず、今では概念としての動物がありますす」。

話はますますおかしなことになりました。動物学者はこれをメタゾアンと呼んでいます。「メタ動物」をギリシャ語にしたものです。偶然ですが、哲学者のピーター・ゴドフリー゠スミスもこれに関する本を書いています（邦訳『メタゾアの心身問題――動物の生活と心の誕生』塩﨑香織訳、みすず書房、2023年）。メタゾアンの定義は「多細胞生物を消費する多細胞生物」です。その定義に従えば植物も動物になります。となると、植物とは何かがわかりませんから、問題はさらにややこしくなります。

私は最終的にこの本で、存在する唯一の動物は私たちである、なぜなら私たちは自身を動物と定義したからだ、と述べました。しかしその意味を語ろうとすると、意味をなさない話になります。

今日の対話に戻って私の話を締めくくりますと、以前にも、あるドイツ人哲学者と仏教僧が興味深い対談をしています。ちなみにこの動画はユーチューブでも見ることができます。動画ではマルティン・ハイデガーがある仏教僧と対談し、ハイデガーが僧に、西洋では人間や動物や植物や山を区別しているが、仏教徒は区別をしていない、と説明しようとしています。僧はただ微笑《ほほえ》むだけでした（笑）。今日の対談で私たちはその先に進んだと思っています。

［注］

1　学校法人武蔵野大学創立100周年記念事業のひとつ。建学の精神であるブッダ・ダルマ（仏法）の根本をふまえ、現代社会の諸課題の解決に向け、その意義と貢献の可能性の論究及び提言等に取り組み、もって世界の平和と安穏のために寄与することを目的とする。「ブッダ・ダルマ宣言」や「ブッダ・ダルマ作品集」を発表し、またグローバルリーダーとの数日間にわたる対話を実施。2025年度には総括書を発表予定。ポッドキャスト番組「ｖｏｉｃｅ」は、松本紹圭氏とグローバルリーダーの方（オードリー・タン氏など）との対話を配信している（2024年4月スタート、月2回配信）。

2　エルヴィン・シュレーディンガー（1887-1961）　オーストリアの理論物理学者。量子力学の基本方程式であるシュレーディンガー方程式や、量子力学的な効果を私たちの日常の巨視世界に結び付ける際の問題点を示した思考実験「シュレーディンガーの猫」を提唱。シュレーディンガーは、『生命とは何か』で、万物はエントロピー（系の乱雑さ、無秩序さを表す量）増大の方向へ進む、しかし、生命だけは「負のエントロピーを食べて生きている」と指摘した。

おわりに

「はじめに」にもあるが、本書は2024年8月末、マルクス・ガブリエル氏が来日した際、直接会う機会を得て、長時間行ったインタビューと同年12月にZｏｏmで行った追加インタビューを編集したものである。ガブリエル氏とは、同じ方法で3冊、PHP新書で出しているが、今回は対談形式にした。一つには話題が多岐にわたっていること、そして対談形式のほうが理解しやすいと考えたからである。

氏が日本の読者向けに出したこれまでの作品は、国際情勢や日本社会など、現代の特定のテーマについて独自の視点から語ったものが多かったが、本書は東洋哲学との対話という形で、ガブリエル氏の哲学の原点に回帰した内容になっているといえよう。

我々が今直面している危機を氏は「入れ子構造の危機」と呼び、量子力学から国際関係まで、一つの危機が別の危機に組み込まれ、相関関係を持った状態であると看破する。それを深く理解するには、西洋哲学だけでは十分ではなく、東洋思想が重要な役割を果たすと言う。今起きている事象の本質を理解するには、西洋哲学、東洋思想を総動員しなければならないのである。氏と対話すると、普段意識しないでいることについて気づかされることが多く、しかもあまりにも正鵠《せいこく》を射ているので、点頭《てんとう》するしかない。〈嫉妬〉について然り、日本語についても然り。経済学者についても然り。すべて本質を看破している。〈権力欲が強い人は、ときに無分別な行為に出ることがあります。こうした行動をいかに罰するかについて知るべきは、その人物の行動が嫉妬から発しているかどうかです〉〈日本は言語に守られています。……日本人がけっして日本語を手放さないのはそこに理由がある……それをしたら実体が破壊されてしまうからです〉〈経済学者は経済の話をしているふりをしているだけです。でも経済について語っているわけではありません〉

氏の卓見を聞くと、ももやもやしていたことがすっきりするのである。

キリスト教プロテスタント派の原理主義者である福音派が、地政学的な紛争において重要な役割を果たしていることも、一般読者には理解されていないのではないか。ドナルド・トランプは思っていることを行動に即移すので、何も考えずに行動していると誤解されることが多いが、トランプの思考がJ・D・ヴァンスと同様福音派に深くかかわっていることを、氏は鋭く指摘している。

ガブリエル氏はドイツ人なので、哲学と言っても西洋哲学への研究に偏っているのではないか、と思っていた読者もいるだろう。でも〈14歳頃から私の知的発達において、東洋思想に触れない時期はほとんどありませんでした〉と告白しているように、東洋的な知的感性を同時に発達させてきたのである。

サブタイトルにあるように本書は〈東洋哲学と新実在論の出会い〉である。その「新実在論」のもととなった思想の核となる部分を思いついたのは、なんと〈湯船〉に浸かっているときであるというから、これから氏の思想がどのように発展していくのか、ますます期待がふくらむ。氏の思想と東洋哲学との出会いから、読者の皆さんの世界観への影響が少しでも生まれれば、それにまさる喜びはない。

2025年3月

大野和基

【著者略歴】
マルクス・ガブリエル［Markus Gabriel］

1980年生まれ。史上最年少の29歳で、200年以上の伝統を誇るボン大学の正教授に就任。西洋哲学の伝統に根ざしつつ、「新しい実在論」を提唱して世界的に注目される。著書『なぜ世界は存在しないのか』（講談社選書メチエ）は世界中でベストセラーとなった。さらに「新実存主義」「新しい啓蒙」と次々に新たな概念を語る。NHK BS『欲望の資本主義』等にも出演。著書に『世界史の針が巻き戻るとき』『つながり過ぎた世界の先に』『わかりあえない他者と生きる』（以上、PHP新書）など。

【インタビュー・編者略歴】
大野和基［おおの・かずもと］

1955年、兵庫県生まれ。大阪府立北野高校、東京外国語大学英米語学科卒業。79～97年渡米。コーネル大学で化学、ニューヨーク医科大学で基礎医学を学ぶ。その後、現地でジャーナリストとして活動。97年に帰国後も取材のため、頻繁に海外に渡航。世界的な識者への取材を精力的に行っている。著書に『代理出産 生殖ビジネスと命の尊厳』（集英社新書）、『私の半分はどこから来たのか』（朝日新聞出版）。訳書に『世界史の針が巻き戻るとき』（PHP新書）、編書に『アメリカの罠』（文春新書）、インタビュー・編集を担当した書籍に『わかりあえない他者と生きる』（PHP新書）など。

【訳者略歴】
月谷真紀［つきたに・まき］

翻訳家。上智大学文学部卒業。訳書に『わかりあえない他者と生きる』（PHP新書）、『ファイナンスをめぐる冒険』（オーニー・パットン・パワー著、英治出版）、『Learn Better』（アーリック・ボーザー著、英治出版）、『ストーリーが世界を滅ぼす』（ジョナサン・ゴットシャル著、東洋経済新報社）など。

68ページの詩「Es ist alles eitel」は、若松宣子氏が翻訳を担当しました。

時間・自己・幻想

東洋哲学と新実在論の出会い

PHP新書 1428

二〇二五年四月二十八日　第一版第一刷

著者――マルクス・ガブリエル
インタビュー・編　大野和基　訳者　月谷真紀
発行者――永田貴之
発行所――株式会社ＰＨＰ研究所
東京本部――〒135-8137 江東区豊洲5-6-52
ビジネス・教養出版部 ☎03-3520-9615(編集)
普及部 ☎03-3520-9630(販売)
京都本部――〒601-8411 京都市南区西九条北ノ内町11
制作協力
組版――株式会社ＰＨＰエディターズ・グループ
装幀者――芦澤泰偉＋明石すみれ
印刷所
製本所――ＴＯＰＰＡＮクロレ株式会社

ISBN978-4-569-85901-9

PHP新書

PHP INTERFACE
https://www.php.co.jp/

ＰＨＰ新書刊行にあたって

「繁栄を通じて平和と幸福を」（PEACE and HAPPINESS through PROSPERITY）の願いのもと、ＰＨＰ研究所が創設されて今年で五十周年を迎えます。その歩みは、日本人が先の戦争を乗り越え、並々ならぬ努力を続けて、今日の繁栄を築き上げてきた軌跡に重なります。

しかし、平和で豊かな生活を手にした現在、多くの日本人は、自分が何のために生きているのか、どのように生きていきたいのかを、見失いつつあるように思われます。そして、その間にも、日本国内や世界のみならず地球規模での大きな変化が日々生起し、解決すべき問題となって私たちのもとに押し寄せてきます。

このような時代に人生の確かな価値を見出し、生きる喜びに満ちあふれた社会を実現するために、いま何が求められているのでしょうか。それは、先達が培ってきた知恵を紡ぎ直すこと、その上で自分たち一人一人がおかれた現実と進むべき未来について丹念に考えていくこと以外にはありません。

その営みは、単なる知識に終わらない深い思索へ、そしてよく生きるための哲学への旅でもあります。弊所が創設五十周年を迎えましたのを機に、ＰＨＰ新書を創刊し、この新たな旅を読者と共に歩んでいきたいと思っています。多くの読者の共感と支援を心よりお願いいたします。

一九九六年十月

ＰＨＰ研究所

PHP新書

1172 お金の流れで読む　日本と世界の未来
　ジム・ロジャーズ［著］／大野和基［訳］
1174 「消費増税」は嘘ばかり　髙橋洋一
1175 平成の教訓　竹中平蔵
1187 なぜデフレを放置してはいけないか　岩田規久男
1193 労働者の味方をやめた世界の左派政党　吉松 崇
1198 中国金融の実力と日本の戦略　柴田 聡
1203 売ってはいけない　永井孝尚
1204 ミルトン・フリードマンの日本経済論　柿埜真吾
1220 交渉力　橋下 徹
1230 変質する世界　Voice編集部［編］
1235 決算書は3項目だけ読めばいい　大村大次郎
1258 脱GHQ史観の経済学　田中秀臣
1265 決断力　橋下 徹
1273 自由と成長の経済学　柿埜真吾
1282 データエコノミー入門　野口悠紀雄
1295 101のデータで読む日本の未来　宮本弘曉
1299 なぜ、我々はマネジメントの道を歩むのか［新版］　田坂広志
1329 51のデータが明かす日本経済の構造　宮本弘曉
1337 プーチンの失敗と民主主義国の強さ　原田 泰
1342 逆境リーダーの挑戦　鈴木直道
1348 これからの時代に生き残るための経済学　倉山 満
1353 日銀の責任　野口悠紀雄
1371 人望とは何か？　眞邊明人
1392 日本の税は不公平　野口悠紀雄
1393 日本はなぜ世界から取り残されたのか　サム田渕
1414 入門 シュンペーター　中野剛志

［地理・文化］

592 日本の曖昧《あいまい》力　呉 善花
670 発酵食品の魔法の力　小泉武夫／石毛直道［編著］
705 日本はなぜ世界でいちばん人気があるのか　竹田恒泰
934 世界遺産にされて富士山は泣いている　野口 健
1119 川と掘割“20の跡”を辿る江戸東京歴史散歩　岡本哲志
1182 京都の通りを歩いて愉しむ　柏井 壽
1184 現代の職人　早坂 隆
1238 群島の文明と大陸の文明　小倉紀蔵
1246 中国人のお金の使い道　中島 恵
1256 京都力　柏井 壽
1259 世界と日本の地理の謎を解く　水野一晴
1268 韓国の行動原理　小倉紀蔵